农村发展法律法规读本

国土资源法律法规学习读本

国土资源专项法律法规

李 勇 主编

加大全民普法力度，建设社会主义法治文化，树立宪法法律至上、法律面前人人平等的法治理念。

——中国共产党第十九次全国代表大会《决胜全面建成小康社会 夺取新时代中国特色社会主义伟大胜利》

汕头大学出版社

图书在版编目（CIP）数据

国土资源专项法律法规／李勇主编. -- 汕头：汕头大学出版社（2021．7重印）

（国土资源法律法规学习读本）

ISBN 978-7-5658-3669-5

Ⅰ．①国… Ⅱ．①李… Ⅲ．①国土资源–资源管理–法规–基本知识–中国 Ⅳ．①D922．334

中国版本图书馆 CIP 数据核字（2018）第 137441 号

国土资源专项法律法规　GUOTU ZIYUAN ZHUANXIANG FALÜ FAGUI

主　　编：李　勇

责任编辑：邹　峰

责任技编：黄东生

封面设计：大华文苑

出版发行：汕头大学出版社

　　　　　广东省汕头市大学路 243 号汕头大学校园内　邮政编码：515063

电　　话：0754-82904613

印　　刷：三河市南阳印刷有限公司

开　　本：690mm×960mm 1/16

印　　张：18

字　　数：226 千字

版　　次：2018 年 7 月第 1 版

印　　次：2021 年 7 月第 2 次印刷

定　　价：59.60 元（全 2 册）

ISBN 978-7-5658-3669-5

前　言

习近平总书记指出："推进全民守法，必须着力增强全民法治观念。要坚持把全民普法和守法作为依法治国的长期基础性工作，采取有力措施加强法制宣传教育。要坚持法治教育从娃娃抓起，把法治教育纳入国民教育体系和精神文明创建内容，由易到难、循序渐进不断增强青少年的规则意识。要健全公民和组织守法信用记录，完善守法诚信褒奖机制和违法失信行为惩戒机制，形成守法光荣、违法可耻的社会氛围，使遵法守法成为全体人民共同追求和自觉行动。"

中共中央、国务院曾经转发了中央宣传部、司法部关于在公民中开展法治宣传教育的规划，并发出通知，要求各地区各部门结合实际认真贯彻执行。通知指出，全民普法和守法是依法治国的长期基础性工作。深入开展法治宣传教育，是全面建成小康社会和新农村的重要保障。

普法规划指出：各地区各部门要根据实际需要，从不同群体的特点出发，因地制宜开展有特色的法治宣传教育坚持集中法治宣传教育与经常性法治宣传教育相结合，深化法律进机关、进乡村、进社区、进学校、进企业、进单位的"法律六进"主题活动，完善工作标准，建立长效机制。

特别是农业、农村和农民问题，始终是关系党和人民事业发展的全局性和根本性问题。党中央、国务院发布的《关于推进社会主义新农村建设的若干意见》中明确提出要"加强农村法制建设，深入开展农村普法教育，增强农民的法制观念，提高农民依法行使权利和履行义务的自觉性。"多年普法实践证明，普及法律知识，提高法制观念，增强全社会依法办事意识具有重要作用。特别是在广大农村进行普法教育，是提高全民法律素质的需要。

多年来，我国在农村实行的改革开放取得了极大成功，农村发生了翻天覆地的变化，广大农民生活水平大大得到了提高。但是，由于历史和社会等原因，现阶段我国一些地区农民文化素质还不高，不学法、不懂法、不守法现象虽然较原来有所改变，但仍有相当一部分群众的法制观念仍很淡化，不懂、不愿借助法律来保护自身权益，这就极易受到不法的侵害，或极易进行违法犯罪活动，严重阻碍了全面建成小康社会和新农村步伐。

为此，根据党和政府的指示精神以及普法规划，特别是根据广大农村农民的现状，在有关部门和专家的指导下，特别编辑了这套《全国普法学习读本》。主要包括了广大人民群众应知应懂、实际实用的法律法规。为了辅导学习，附录还收入了相应法律法规的条例准则、实施细则、解读解答、案例分析等；同时为了突出法律法规的实际实用特点，兼顾地方性和特殊性，附录还收入了部分某些地方性法律法规以及非法律法规的政策文件、管理制度、应用表格等内容，拓展了本书的知识范围，使法律法规更"接地气"，便于读者学习掌握和实际应用。

在众多法律法规中，我们通过甄别，淘汰了废止的，精选了最新的、权威的和全面的。但有部分法律法规有些条款不适应当下情况了，却没有颁布新的，我们又不能擅自改动，只得保留原有条款，但附录却有相应的补充修改意见或通知等。众多法律法规根据不同内容和受众特点，经过归类组合，优化配套。整套普法读本非常全面系统，具有很强的学习性、实用性和指导性，非常适合用于广大农村和城乡普法学习教育与实践指导。总之，是全国全民普法的良好读本。

目　　录

中华人民共和国矿产资源法

矿山地质环境保护规定

自然生态空间用途管制办法（试行）

中华人民共和国矿产资源法

中华人民共和国主席令

第十八号

《全国人民代表大会常务委员会关于修改部分法律的决定》已由中华人民共和国第十一届全国人民代表大会常务委员会第十次会议于 2009 年 8 月 27 日通过，现予公布，自公布之日起施行。

中华人民共和国主席　胡锦涛

2009 年 8 月 27 日

（1986 年 3 月 19 日第六届全国人民代表大会常务委员会第十五次会议通过；根据 1996 年 8 月 29 日第八届全国人民代表大会常务委员会第二十一次会议《关于修改〈中华人民共和国矿产资源法〉的决定》第一次修正；根据 2009 年 08 月 27 日第十一届全国人民代表大会常务委员会第十次会议《全国人民代表大会常务委员会关于修改部分法律的决定》第二次修正）

第一章　总　则

第一条　为了发展矿业，加强矿产资源的勘查、开发利用和保护工作，保障社会主义现代化建设的当前和长远的需要，根据中华人民共和国宪法，特制定本法。

第二条　在中华人民共和国领域及管辖海域勘查、开采矿产资源，必须遵守本法。

第三条　矿产资源属于国家所有，由国务院行使国家对矿产资源的所有权。地表或者地下的矿产资源的国家所有权，不因其所依附的土地的所有权或者使用权的不同而改变。

国家保障矿产资源的合理开发利用。禁止任何组织或者个人用任何手段侵占或者破坏矿产资源。各级人民政府必须加强矿产资源的保护工作。

勘查、开采矿产资源，必须依法分别申请、经批准取得探矿权、采矿权，并办理登记；但是，已经依法申请取得采矿权的矿山企业在划定的矿区范围内为本企业的生产而进行的勘查除外。国家保护探矿权和采矿权不受侵犯，保障矿区和勘查作业区的生产秩序、工作秩序不受影响和破坏。

从事矿产资源勘查和开采的，必须符合规定的资质条件。

第四条　国家保障依法设立的矿山企业开采矿产资源的合法权益。

国有矿山企业是开采矿产资源的主体。国家保障国有矿业经济的巩固和发展。

第五条　国家实行探矿权、采矿权有偿取得的制度；但是，国家对探矿权、采矿权有偿取得的费用，可以根据不同情况规定予以减缴、免缴。具体办法和实施步骤由国务院规定。

开采矿产资源，必须按照国家有关规定缴纳资源税和资源补偿费。

第六条 除按下列规定可以转让外，探矿权、采矿权不得转让：

（一）探矿权人有权在划定的勘查作业区内进行规定的勘查作业，有权优先取得勘查作业区内矿产资源的采矿权。探矿权人在完成规定的最低勘查投入后，经依法批准，可以将探矿权转让他人。

（二）已取得采矿权的矿山企业，因企业合并、分立，与他人合资、合作经营，或者因企业资产出售以及有其他变更企业资产产权的情形而需要变更采矿权主体的，经依法批准可以将采矿权转让他人采矿。

前款规定的具体办法和实施步骤由国务院规定。

禁止将探矿权、采矿权倒卖牟利。

第七条 国家对矿产资源的勘查、开发实行统一规划、合理布局、综合勘查、合理开采和综合利用的方针。

第八条 国家鼓励矿产资源勘查、开发的科学技术研究，推广先进技术，提高矿产资源勘查、开发的科学技术水平。

第九条 在勘查、开发、保护矿产资源和进行科学技术研究等方面成绩显著的单位和个人，由各级人民政府给予奖励。

第十条 国家在民族自治地方开采矿产资源，应当照顾民族自治地方的利益，作出有利于民族自治地方经济建设的安排，照顾当地少数民族群众的生产和生活。

民族自治地方的自治机关根据法律规定和国家的统一规划，对可以由本地方开发的矿产资源，优先合理开发利用。

第十一条　国务院地质矿产主管部门主管全国矿产资源勘查、开采的监督管理工作。国务院有关主管部门协助国务院地质矿产主管部门进行矿产资源勘查、开采的监督管理工作。

省、自治区、直辖市人民政府地质矿产主管部门主管本行政区域内矿产资源勘查、开采的监督管理工作。省、自治区、直辖市人民政府有关主管部门协助同级地质矿产主管部门进行矿产资源勘查、开采的监督管理工作。

第二章　矿产资源勘查的
登记和开采的审批

第十二条　国家对矿产资源勘查实行统一的区块登记管理制度。矿产资源勘查登记工作，由国务院地质矿产主管部门负责；特定矿种的矿产资源勘查登记工作，可以由国务院授权有关主管部门负责。矿产资源勘查区块登记管理办法由国务院制定。

第十三条　国务院矿产储量审批机构或者省、自治区、直辖市矿产储量审批机构负责审查批准供矿山建设设计使用的勘探报告，并在规定的期限内批复报送单位。勘探报告未经批准，不得作为矿山建设设计的依据。

第十四条　矿产资源勘查成果档案资料和各类矿产储量的统计资料，实行统一的管理制度，按照国务院规定汇交或者填报。

第十五条　设立矿山企业，必须符合国家规定的资质条件，并依照法律和国家有关规定，由审批机关对其矿区范围、矿山设计或者开采方案、生产技术条件、安全措施和环境保护措施等进行审查；审查合格的，方予批准。

第十六条　开采下列矿产资源的，由国务院地质矿产主管部门审批，并颁发采矿许可证：

（一）国家规划矿区和对国民经济具有重要价值的矿区内的矿产资源；

（二）前项规定区域以外可供开采的矿产储量规模在大型以上的矿产资源；

（三）国家规定实行保护性开采的特定矿种；

（四）领海及中国管辖的其他海域的矿产资源；

（五）国务院规定的其他矿产资源。

开采石油、天然气、放射性矿产等特定矿种的，可以由国务院授权的有关主管部门审批，并颁发采矿许可证。

开采第一款、第二款规定以外的矿产资源，其可供开采的矿产的储量规模为中型的，由省、自治区、直辖市人民政府地质矿产主管部门审批和颁发采矿许可证。

开采第一款、第二款和第三款规定以外的矿产资源的管理办法，由省、自治区、直辖市人民代表大会常务委员会依法制定。

依照第三款、第四款的规定审批和颁发采矿许可证的，由省、自治区、直辖市人民政府地质矿产主管部门汇总向国务院地质矿产主管部门备案。

矿产储量规模的大型、中型的划分标准，由国务院矿产储量审批机构规定。

第十七条 国家对国家规划矿区、对国民经济具有重要价值的矿区和国家规定实行保护性开采的特定矿种，实行有计划的开采；未经国务院有关主管部门批准，任何单位和个人不得开采。

第十八条 国家规划矿区的范围、对国民经济具有重要价值的矿区的范围、矿山企业矿区的范围依法划定后，由划定矿区范围的主管机关通知有关县级人民政府予以公告。

矿山企业变更矿区范围，必须报请原审批机关批准，并报请原颁发采矿许可证的机关重新核发采矿许可证。

第十九条 地方各级人民政府应当采取措施，维护本行政区域内的国有矿山企业和其他矿山企业矿区范围内的正常秩序。

禁止任何单位和个人进入他人依法设立的国有矿山企业和其他矿山企业矿区范围内采矿。

第二十条 非经国务院授权的有关主管部门同意，不得在下列地区开采矿产资源：

（一）港口、机场、国防工程设施圈定地区以内；

（二）重要工业区、大型水利工程设施、城镇市政工程设施附近一定距离以内；

（三）铁路、重要公路两侧一定距离以内；

（四）重要河流、堤坝两侧一定距离以内；

（五）国家划定的自然保护区、重要风景区，国家重点保护的不能移动的历史文物和名胜古迹所在地；

（六）国家规定不得开采矿产资源的其他地区。

第二十一条 关闭矿山，必须提出矿山闭坑报告及有关采掘工程、不安全隐患、土地复垦利用、环境保护的资料，并按照国家规定报请审查批准。

第二十二条 勘查、开采矿产资源时，发现具有重大科学文化价值的罕见地质现象以及文化古迹，应当加以保护并及时报告有关部门。

第三章　矿产资源的勘查

第二十三条 区域地质调查按照国家统一规划进行。区域地质调查的报告和图件按照国家规定验收，提供有关部门使用。

第二十四条　矿产资源普查在完成主要矿种普查任务的同时，应当对工作区内包括共生或者伴生矿产的成矿地质条件和矿床工业远景作出初步综合评价。

第二十五条　矿床勘探必须对矿区内具有工业价值的共生和伴生矿产进行综合评价，并计算其储量。未作综合评价的勘探报告不予批准。但是，国务院计划部门另有规定的矿床勘探项目除外。

第二十六条　普查、勘探易损坏的特种非金属矿产、流体矿产、易燃易爆易溶矿产和含有放射性元素的矿产，必须采用省级以上人民政府有关主管部门规定的普查、勘探方法，并有必要的技术装备和安全措施。

第二十七条　矿产资源勘查的原始地质编录和图件，岩矿心、测试样品和其他实物标本资料，各种勘查标志，应当按照有关规定保护和保存。

第二十八条　矿床勘探报告及其他有价值的勘查资料，按照国务院规定实行有偿使用。

第四章　矿产资源的开采

第二十九条　开采矿产资源，必须采取合理的开采顺序、开采方法和选矿工艺。矿山企业的开采回采率、采矿贫化率和选矿回收率应当达到设计要求。

第三十条　在开采主要矿产的同时，对具有工业价值的共生和伴生矿产应当统一规划，综合开采，综合利用，防止浪费；对暂时不能综合开采或者必须同时采出而暂时还不能综合利用的矿产以及含有有用组分的尾矿，应当采取有效的保护措施，防止损失破坏。

第三十一条 开采矿产资源，必须遵守国家劳动安全卫生规定，具备保障安全生产的必要条件。

第三十二条 开采矿产资源，必须遵守有关环境保护的法律规定，防止污染环境。

开采矿产资源，应当节约用地。耕地、草原、林地因采矿受到破坏的，矿山企业应当因地制宜地采取复垦利用、植树种草或者其他利用措施。

开采矿产资源给他人生产、生活造成损失的，应当负责赔偿，并采取必要的补救措施。

第三十三条 在建设铁路、工厂、水库、输油管道、输电线路和各种大型建筑物或者建筑群之前，建设单位必须向所在省、自治区、直辖市地质矿产主管部门了解拟建工程所在地区的矿产资源分布和开采情况。非经国务院授权的部门批准，不得压覆重要矿床。

第三十四条 国务院规定由指定的单位统一收购的矿产品，任何其他单位或者个人不得收购；开采者不得向非指定单位销售。

第五章 集体矿山企业和个体采矿

第三十五条 国家对集体矿山企业和个体采矿实行积极扶持、合理规划、正确引导、加强管理的方针，鼓励集体矿山企业开采国家指定范围内的矿产资源，允许个人采挖零星分散资源和只能用作普通建筑材料的砂、石、粘土以及为生活自用采挖少量矿产。

矿产储量规模适宜由矿山企业开采的矿产资源、国家规定实行保护性开采的特定矿种和国家规定禁止个人开采的其他矿产资源，个人不得开采。

国家指导、帮助集体矿山企业和个体采矿不断提高技术水平、资源利用率和经济效益。

地质矿产主管部门、地质工作单位和国有矿山企业应当按照积极支持、有偿互惠的原则向集体矿山企业和个体采矿提供地质资料和技术服务。

第三十六条 国务院和国务院有关主管部门批准开办的矿山企业矿区范围内已有的集体矿山企业，应当关闭或者到指定的其他地点开采，由矿山建设单位给予合理的补偿，并妥善安置群众生活；也可以按照该矿山企业的统筹安排，实行联合经营。

第三十七条 集体矿山企业和个体采矿应当提高技术水平，提高矿产资源回收率。禁止乱挖滥采，破坏矿产资源。

集体矿山企业必须测绘井上、井下工程对照图。

第三十八条 县级以上人民政府应当指导、帮助集体矿山企业和个体采矿进行技术改造，改善经营管理，加强安全生产。

第六章 法律责任

第三十九条 违反本法规定，未取得采矿许可证擅自采矿的，擅自进入国家规划矿区、对国民经济具有重要价值的矿区范围采矿的，擅自开采国家规定实行保护性开采的特定矿种的，责令停止开采、赔偿损失，没收采出的矿产品和违法所得，可以并处罚款；拒不停止开采，造成矿产资源破坏的，依照刑法有关规定对直接责任人员追究刑事责任。

单位和个人进入他人依法设立的国有矿山企业和其他矿山企业矿区范围内采矿的，依照前款规定处罚。

第四十条 超越批准的矿区范围采矿的，责令退回本矿区范围内开采、赔偿损失，没收越界开采的矿产品和违法所得，可以并处罚款；拒不退回本矿区范围内开采，造成矿产资源破坏的，吊销采矿许可证，依照刑法有关规定对直接责任人员追究刑事责任。

第四十一条 盗窃、抢夺矿山企业和勘查单位的矿产品和其他财物的，破坏采矿、勘查设施的，扰乱矿区和勘查作业区的生产秩序、工作秩序的，分别依照刑法有关规定追究刑事责任；情节显著轻微的，依照治安管理处罚法有关规定予以处罚。

第四十二条 买卖、出租或者以其他形式转让矿产资源的，没收违法所得，处以罚款。

违反本法第六条的规定将探矿权、采矿权倒卖牟利的，吊销勘查许可证、采矿许可证，没收违法所得，处以罚款。

第四十三条 违反本法规定收购和销售国家统一收购的矿产品的，没收矿产品和违法所得，可以并处罚款；情节严重的，依照刑法有关规定，追究刑事责任。

第四十四条 违反本法规定，采取破坏性的开采方法开采矿产资源的，处以罚款，可以吊销采矿许可证；造成矿产资源严重破坏的，依照刑法有关规定对直接责任人员追究刑事责任。

第四十五条 本法第三十九条、第四十条、第四十二条规定的行政处罚，由县级以上人民政府负责地质矿产管理工作的部门按照国务院地质矿产主管部门规定的权限决定。第四十三条规定的行政处罚，由县级以上人民政府工商行政管理部门决定。第四十四条规定的行政处罚，由省、自治区、直辖市人民政府地质矿产主管部门决定。给予吊销勘查许可证或者采矿许可证处罚的，须由原发证机关决定。

依照第三十九条、第四十条、第四十二条、第四十四条规定应当给予行政处罚而不给予行政处罚的，上级人民政府地质矿产主管部门有权责令改正或者直接给予行政处罚。

第四十六条 当事人对行政处罚决定不服的，可以依法申请复议，也可以依法直接向人民法院起诉。

当事人逾期不申请复议也不向人民法院起诉，又不履行处罚决定的，由作出处罚决定的机关申请人民法院强制执行。

第四十七条 负责矿产资源勘查、开采监督管理工作的国家工作人员和其他有关国家工作人员徇私舞弊、滥用职权或者玩忽职守，违反本法规定批准勘查、开采矿产资源和颁发勘查许可证、采矿许可证，或者对违法采矿行为不依法予以制止、处罚，构成犯罪的，依法追究刑事责任；不构成犯罪的，给予行政处分。违法颁发的勘查许可证、采矿许可证，上级人民政府地质矿产主管部门有权予以撤销。

第四十八条 以暴力、威胁方法阻碍从事矿产资源勘查、开采监督管理工作的国家工作人员依法执行职务的，依照刑法有关规定追究刑事责任；拒绝、阻碍从事矿产资源勘查、开采监督管理工作的国家工作人员依法执行职务未使用暴力、威胁方法的，由公安机关依照治安管理处罚法的规定处罚。

第四十九条 矿山企业之间的矿区范围的争议，由当事人协商解决，协商不成的，由有关县级以上地方人民政府根据依法核定的矿区范围处理；跨省、自治区、直辖市的矿区范围的争议，由有关省、自治区、直辖市人民政府协商解决，协商不成的，由国务院处理。

第七章 附 则

第五十条 外商投资勘查、开采矿产资源，法律、行政法规另有规定的，从其规定。

第五十一条 本法施行以前，未办理批准手续、未划定矿区范围、未取得采矿许可证开采矿产资源的，应当依照本法有关规定申请补办手续。

第五十二条 本法实施细则由国务院制定。

第五十三条 本法自 1986 年 10 月 1 日起施行。

附：刑法有关条款

第二百七十五条 【故意毁坏财物罪】故意毁坏公私财物，数额较大或者有其他严重情节的，处三年以下有期徒刑、拘役或者罚金；数额巨大或者有其他特别严重情节的，处三年以上七年以下有期徒刑。

第二百七十七条 【妨害公务罪】以暴力、威胁方法阻碍国家机关工作人员依法执行职务的，处三年以下有期徒刑、拘役、管制或者罚金。

以暴力、威胁方法阻碍全国人民代表大会和地方各级人民代表大会代表依法执行代表职务的，依照前款的规定处罚。

在自然灾害和突发事件中，以暴力、威胁方法阻碍红十字会工作人员依法履行职责的，依照第一款的规定处罚。

故意阻碍国家安全机关、公安机关依法执行国家安全工作任务，未使用暴力、威胁方法，造成严重后果的，依照第一款的规定处罚。

第二百九十条【聚众扰乱社会秩序罪；聚众冲击国家机关罪】聚众扰乱社会秩序，情节严重，致使工作、生产、营业和教学、科研无法进行，造成严重损失的，对首要分子，处三年以上七年以下有期徒刑；对其他积极参加的，处三年以下有期徒刑、拘役、管制或者剥夺政治权利。

聚众冲击国家机关，致使国家机关工作无法进行，造成严重损失的，对首要分子，处五年以上十年以下有期徒刑；对其他积极参加的，处五年以下有期徒刑、拘役、管制或者剥夺政治权利。

第二百九十一条【聚众扰乱公共场所秩序、交通秩序罪；投放虚假危险物质罪；编造、故意传播虚假恐怖信息罪】聚众扰乱车站、码头、民用航空站、商场、公园、影剧院、展览会、运动场或者其他公共场所秩序，聚众堵塞交通或者破坏交通秩序，抗拒、阻碍国家治安管理工作人员依法执行职务，情节严重的，对首要分子，处五年以下有期徒刑、拘役或者管制。

投放虚假的爆炸性、毒害性、放射性、传染病病原体等物质，或者编造爆炸威胁、生化威胁、放射威胁等恐怖信息，或者明知是编造的恐怖信息而故意传播，严重扰乱社会秩序的，处五年以下有期徒刑、拘役或者管制；造成严重后果的，处五年以上有期徒刑。

附 录

中华人民共和国矿产资源法实施细则

中华人民共和国国务院令

第 152 号

现发布《中华人民共和国矿产资源法实施细则》，自发布之日起施行。

总理 李鹏

1994 年 3 月 26 日

第一章 总 则

第一条 根据《中华人民共和国矿产资源法》，制定本细则。

第二条 矿产资源是指由地质作用形成的，具有利用价值的，呈固态、液态、气态的自然资源。

矿产资源的矿种和分类见本细则所附《矿产资源分类细目》。新发现的矿种由国务院地质矿产主管部门报国务院批准后公布。

第三条 矿产资源属于国家所有，地表或者地下的矿产资源的国家所有权，不因其所依附的土地的所有权或者使用权的不同而改变。

国务院代表国家行使矿产资源的所有权。国务院授权国务院地质矿产主管部门对全国矿产资源分配实施统一管理。

第四条 在中华人民共和国领域及管辖的其他海域勘查、开采矿产资源，必须遵守《中华人民共和国矿产资源法》（以下简称《矿产资源法》）和本细则。

第五条 国家对矿产资源的勘查、开采实行许可证制度。勘查矿产资源，必须依法申请登记，领取勘查许可证，取得探矿权；开采矿产资源，必须依法申请登记，领取采矿许可证，取得采矿权。

矿产资源勘查工作区范围和开采矿区范围，以经纬度划分的区块为基本单位。具体办法由国务院地质矿产主管部门制定。

第六条 《矿产资源法》及本细则中下列用语的含义：

探矿权，是指在依法取得的勘查许可证规定的范围内，勘查矿产资源的权利。取得勘查许可证的单位或者个人称为探矿权人。

采矿权，是指在依法取得的采矿许可证规定的范围内，开采矿产资源和获得所开采的矿产品的权利。取得采矿许可证的单位或者个人称为采矿权人。

国家规定实行保护性开采的特定矿种，是指国务院根据国民经济建设和高科技发展的需要，以及资源稀缺、贵重程度确定的，由国务院有关主管部门按照国家计划批准开采的矿种。

国家规划矿区，是指国家根据建设规划和矿产资源规划，为建设大、中型矿山划定的矿产资源分布区域。

对国民经济具有重要价值的矿区，是指国家根据国民经济发展需要划定的，尚未列入国家建设规划的，储量大、质量好、具有开发前景的矿产资源保护区域。

第七条 国家允许外国的公司、企业和其他经济组织以及个人依照中华人民共和国有关法律、行政法规的规定，在中华人民共和国领域及管辖的其他海域投资勘查、开采矿产资源。

第八条 国务院地质矿产主管部门主管全国矿产资源勘查、开采的监督管理工作。国务院有关主管部门按照国务院规定的职责分工，协助国务院地质矿产主管部门进行矿产资源勘查、开采的监督管理工作。

省、自治区、直辖市人民政府地质矿产主管部门主管本行政区域内矿产资源勘查、开采的监督管理工作。省、自治区、直辖市人民政府有关主管部门，协助同级地质矿产主管部门进行矿产资源勘查、开采的监督管理工作。

设区的市人民政府、自治州人民政府和县级人民政府及其负责管理矿产资源的部门，依法对本级人民政府批准开办的国有矿山企业和本行政区域内的集体所有制矿山企业、私营矿山企业、个体采矿者以及在本行政区域内从事勘查施工的单位和个人进行监督管理，依法保护探矿权人、采矿权人的合法权益。

上级地质矿产主管部门有权对下级地质矿产主管部门违法的或者不适当的矿产资源勘查、开采管理行政行为予以改变或者撤销。

第二章　矿产资源勘查登记和开采审批

第九条 勘查矿产资源，应当按照国务院关于矿产资源勘查登记管理的规定，办理申请、审批和勘查登记。

勘查特定矿种，应当按照国务院有关规定办理申请、审批和勘查登记。

第十条 国有矿山企业开采矿产资源，应当按照国务院关于采矿登记管理的规定，办理申请、审批和采矿登记。开采国家规划矿区、对国民经济具有重要价值矿区的矿产和国家规定实行保护性开采的特定矿种，办理申请、审批和采矿登记时，应当持有国务院有关主管部门批准的文件。

开采特定矿种，应当按照国务院有关规定办理申请、审批和采矿登记。

第十一条　开办国有矿山企业，除应当具备有关法律、法规规定的条件外，并应当具备下列条件：

（一）有供矿山建设使用的矿产勘查报告；

（二）有矿山建设项目的可行性研究报告（含资源利用方案和矿山环境影响报告）；

（三）有确定的矿区范围和开采范围；

（四）有矿山设计；

（五）有相应的生产技术条件。

国务院、国务院有关主管部门和省、自治区、直辖市人民政府，按照国家有关固定资产投资管理的规定，对申请开办的国有矿山企业根据前款所列条件审查合格后，方予批准。

第十二条　申请开办集体所有制矿山企业、私营矿山企业及个体采矿的审查批准、采矿登记，按照省、自治区、直辖市的有关规定办理。

第十三条　申请开办集体所有制矿山企业或者私营矿山企业，除应当具备有关法律、法规规定的条件外，并应当具备下列条件：

（一）有供矿山建设使用的与开采规模相适应的矿产勘查资料；

（二）有经过批准的无争议的开采范围；

（三）有与所建矿山规模相适应的资金、设备和技术人员；

（四）有与所建矿山规模相适应的，符合国家产业政策和技术规范的可行性研究报告、矿山设计或者开采方案；

（五）矿长具有矿山生产、安全管理和环境保护的基本知识。

第十四条 申请个体采矿应当具备下列条件：

（一）有经过批准的无争议的开采范围；

（二）有与采矿规模相适应的资金、设备和技术人员；

（三）有相应的矿产勘查资料和经批准的开采方案；

（四）有必要的安全生产条件和环境保护措施。

第三章 矿产资源的勘查

第十五条 国家对矿产资源勘查实行统一规划。全国矿产资源中、长期勘查规划，在国务院计划行政主管部门指导下，由国务院地质矿产主管部门根据国民经济和社会发展中、长期规划，在国务院有关主管部门勘查规划的基础上组织编制。

全国矿产资源年度勘查计划和省、自治区、直辖市矿产资源年度勘查计划，分别由国务院地质矿产主管部门和省、自治区、直辖市人民政府地质矿产主管部门组织有关主管部门，根据全国矿产资源中、长期勘查规划编制，经同级人民政府计划行政主管部门批准后施行。

法律对勘查规划的审批权另有规定的，依照有关法律的规定执行。

第十六条 探矿权人享有下列权利：

（一）按照勘查许可证规定的区域、期限、工作对象进行勘查；

（二）在勘查作业区及相邻区域架设供电、供水、通讯管线，但是不得影响或者损害原有的供电、供水设施和通讯管线；

（三）在勘查作业区及相邻区域通行；

（四）根据工程需要临时使用土地；

（五）优先取得勘查作业区内新发现矿种的探矿权；

（六）优先取得勘查作业区内矿产资源的采矿权；

（七）自行销售勘查中按照批准的工程设计施工回收的矿产品，但是国务院规定由指定单位统一收购的矿产品除外。

探矿权人行使前款所列权利时，有关法律、法规规定应当经过批准或者履行其他手续的，应当遵守有关法律、法规的规定。

第十七条 探矿权人应当履行下列义务：

（一）在规定的期限内开始施工，并在勘查许可证规定的期限内完成勘查工作；

（二）向勘查登记管理机关报告开工等情况；

（三）按照探矿工程设计施工，不得擅自进行采矿活动；

（四）在查明主要矿种的同时，对共生、伴生矿产资源进行综合勘查、综合评价；

（五）编写矿产资源勘查报告，提交有关部门审批；

（六）按照国务院有关规定汇交矿产资源勘查成果档案资料；

（七）遵守有关法律、法规关于劳动安全、土地复垦和环境保护的规定；

（八）勘查作业完毕，及时封、填探矿作业遗留的井、硐或者采取其他措施，消除安全隐患。

第十八条 探矿权人可以对符合国家边探边采规定要求的复杂类型矿床进行开采；但是，应当向原颁发勘查许可证的机关、矿产储量审批机构和勘查项目主管部门提交论证材料，经审核同意后，按照国务院关于采矿登记管理法规的规定，办理采矿登记。

第十九条 矿产资源勘查报告按照下列规定审批：

（一）供矿山建设使用的重要大型矿床勘查报告和供大型水源

地建设使用的地下水勘查报告，由国务院矿产储量审批机构审批；

（二）供矿山建设使用的一般大型、中型、小型矿床勘查报告和供中型、小型水源地建设使用的地下水勘查报告，由省、自治区、直辖市矿产储量审批机构审批；

矿产储量审批机构和勘查单位的主管部门应当自收到矿产资源勘查报告之日起六个月内作出批复。

第二十条　矿产资源勘查报告及其他有价值的勘查资料，按照国务院有关规定实行有偿使用。

第二十一条　探矿权人取得临时使用土地权后，在勘查过程中给他人造成财产损害的，按照下列规定给以补偿：

（一）对耕地造成损害的，根据受损害的耕地面积前三年平均年产量，以补偿时当地市场平均价格计算，逐年给以补偿，并负责恢复耕地的生产条件，及时归还；

（二）对牧区草场造成损害的，按照前项规定逐年给以补偿，并负责恢复草场植被，及时归还；

（三）对耕地上的农作物、经济作物造成损害的，根据受损害的耕地面积前三年平均年产量，以补偿时当地市场平均价格计算，给以补偿；

（四）对竹木造成损害的，根据实际损害株数，以补偿时当地市场平均价格逐株计算，给以补偿。

（五）对土地上的附着物造成损害的，根据实际损害的程度，以补偿时当地市场价格，给以适当补偿。

第二十二条　探矿权人在没有农作物和其他附着物的荒岭、荒坡、荒地、荒漠、沙滩、河滩、湖滩、海滩上进行勘查的，不予补偿；但是，勘查作业不得阻碍或者损害航运、灌溉、防洪等活动或者设施，勘查作业结束后应当采取措施，防止水土流失，保护生态环境。

第二十三条 探矿权人之间对勘查范围发生争议时，由当事人协商解决；协商不成的，由勘查作业区所在地的省、自治区、直辖市人民政府地质矿产主管部门裁决；跨省、自治区、直辖市的勘查范围争议，当事人协商不成的，由有关省、自治区、直辖市人民政府协商解决；协商不成的，由国务院地质矿产主管部门裁决。特定矿种的勘查范围争议，当事人协商不成的，由国务院授权的有关主管部门裁决。

第四章　矿产资源的开采

第二十四条 全国矿产资源的分配和开发利用，应当兼顾当前和长远、中央和地方的利益，实行统一规划、有效保护、合理开采、综合利用。

第二十五条 全国矿产资源规划，在国务院计划行政主管部门指导下，由国务院地质矿产主管部门根据国民经济和社会发展中、长期规划，组织国务院有关主管部门和省、自治区、直辖市人民政府编制，报国务院批准后施行。

全国矿产资源规划应当对全国矿产资源的分配作出统筹安排，合理划定中央与省、自治区、直辖市人民政府审批、开发矿产资源的范围。

第二十六条 矿产资源开发规划是对矿区的开发建设布局进行统筹安排的规划。

矿产资源开发规划分为行业开发规划和地区开发规划。

矿产资源行业开发规划由国务院有关主管部门根据全国矿产资源规划中分配给本部门的矿产资源编制实施。

矿产资源地区开发规划由省、自治区、直辖市人民政府根据全国矿产资源规划中分配给本省、自治区、直辖市的矿产资源编制实施；并作出统筹安排，合理划定省、市、县级人民政府审批、开发矿产资源的范围。

矿产资源行业开发规划和地区开发规划应当报送国务院计划行政主管部门、地质矿产主管部门备案。

国务院计划行政主管部门、地质矿产主管部门，对不符合全国矿产资源规划的行业开发规划和地区开发规划，应当予以纠正。

第二十七条 设立、变更或者撤销国家规划矿区、对国民经济具有重要价值的矿区，由国务院有关主管部门提出，并附具矿产资源详查报告及论证材料，经国务院计划行政主管部门和地质矿产主管部门审定，并联合书面通知有关县级人民政府。县级人民政府应当自收到通知之日起一个月内予以公告，并报国务院计划行政主管部门、地质矿产主管部门备案。

第二十八条 确定或者撤销国家规定实行保护性开采的特定矿种，由国务院有关主管部门提出，并附具论证材料，经国务院计划行政主管部门和地质矿产主管部门审核同意后，报国务院批准。

第二十九条 单位或者个人开采矿产资源前，应当委托持有相应矿山设计证书的单位进行可行性研究和设计。开采零星分散矿产资源和用作建筑材料的砂、石、粘土的，可以不进行可行性研究和设计，但是应当有开采方案和环境保护措施。

矿山设计必须依据设计任务书，采用合理的开采顺序、开采方法和选矿工艺。

矿山设计必须按照国家有关规定审批；未经批准，不得施工。

第三十条 采矿权人享有下列权利：

（一）按照采矿许可证规定的开采范围和期限从事开采活动；

（二）自行销售矿产品，但是国务院规定由指定的单位统一收购的矿产品除外；

（三）在矿区范围内建设采矿所需的生产和生活设施；

（四）根据生产建设的需要依法取得土地使用权；

（五）法律、法规规定的其他权利。

采矿权人行使前款所列权利时，法律、法规规定应当经过批准或者履行其他手续的，依照有关法律、法规的规定办理。

第三十一条 采矿权人应当履行下列义务：

（一）在批准的期限内进行矿山建设或者开采；

（二）有效保护、合理开采、综合利用矿产资源；

（三）依法缴纳资源税和矿产资源补偿费；

（四）遵守国家有关劳动安全、水土保持、土地复垦和环境保护的法律、法规；

（五）接受地质矿产主管部门和有关主管部门的监督管理，按照规定填报矿产储量表和矿产资源开发利用情况统计报告。

第三十二条 采矿权人在采矿许可证有效期满或者在有效期内，停办矿山而矿产资源尚未采完的，必须采取措施将资源保持在能够继续开采的状态，并事先完成下列工作：

（一）编制矿山开采现状报告及实测图件；

（二）按照有关规定报销所消耗的储量；

（三）按照原设计实际完成相应的有关劳动安全、水土保持、土地复垦和环境保护工作，或者缴清土地复垦和环境保护的有关费用。

采矿权人停办矿山的申请，须经原批准开办矿山的主管部门批准、原颁发采矿许可证的机关验收合格后，方可办理有关证、照注销手续。

第三十三条 矿山企业关闭矿山，应当按照下列程序办理审批手续：

（一）开采活动结束的前一年，向原批准开办矿山的主管部门提出关闭矿山申请，并提交闭坑地质报告；

（二）闭坑地质报告经原批准开办矿山的主管部门审核同意后，报地质矿产主管部门会同矿产储量审批机构批准；

（三）闭坑地质报告批准后，采矿权人应当编写关闭矿山报告，报请原批准开办矿山的主管部门会同同级地质矿产主管部门和有关主管部门按照有关行业规定批准。

第三十四条 关闭矿山报告批准后，矿山企业应当完成下列工作：

（一）按照国家有关规定将地质、测量、采矿资料整理归档，并汇交闭坑地质报告、关闭矿山报告及其他有关资料；

（二）按照批准的关闭矿山报告，完成有关劳动安全、水土保持、土地复垦和环境保护工作，或者缴清土地复垦和环境保护的有关费用。

矿山企业凭关闭矿山报告批准文件和有关部门对完成上述工作提供的证明，报请原颁发采矿许可证的机关办理采矿许可证注销手续。

第三十五条 建设单位在建设铁路、公路、工厂、水库、输油管道、输电线路和各种大型建筑物前，必须向所在地的省、自治区、直辖市人民政府地质矿产主管部门了解拟建工程所在地区的矿产资源分布情况，并在建设项目设计任务书报请审批时附具地质矿产主管部门的证明。在上述建设项目与重要矿床的开采发生矛盾时，由国务院有关主管部门或者省、自治区、直辖市人民政府提出方案，经国务院地质矿产主管部门提出意见后，报国务院计划行政主管部门决定。

第三十六条　采矿权人之间对矿区范围发生争议时，由当事人协商解决；协商不成的，由矿产资源所在地的县级以上地方人民政府根据依法核定的矿区范围处理；跨省、自治区、直辖市的矿区范围争议，当事人协商不成的，由有关省、自治区、直辖市人民政府协商解决；协商不成的，由国务院地质矿产主管部门提出处理意见，报国务院决定。

第五章　集体所有制矿山企业、私营矿山企业和个体采矿者

第三十七条　国家依法保护集体所有制矿山企业、私营矿山企业和个体采矿者的合法权益，依法对集体所有制矿山企业、私营矿山企业和个体采矿者进行监督管理。

第三十八条　集体所有制矿山企业可以开采下列矿产资源：

（一）不适于国家建设大、中型矿山的矿床及矿点；

（二）经国有矿山企业同意，并经其上级主管部门批准，在其矿区范围内划出的边缘零星矿产；

（三）矿山闭坑后，经原矿山企业主管部门确认可以安全开采并不会引起严重环境后果的残留矿体；

（四）国家规划可以由集体所有制矿山企业开采的其他矿产资源。

集体所有制矿山企业开采前款第（二）项所列矿产资源时，必须与国有矿山企业签定合理开发利用矿产资源和矿山安全协议，不得浪费和破坏矿产资源，并不得影响国有矿山企业的生产安全。

第三十九条　私营矿山企业开采矿产资源的范围参照本细则第三十八条的规定执行。

第四十条 个体采矿者可以采挖下列矿产资源：

（一）零星分散的小矿体或者矿点；

（二）只能用作普通建筑材料的砂、石、粘土。

第四十一条 国家设立国家规划矿区、对国民经济具有重要价值的矿区时，对应当撤出的原采矿权人，国家按照有关规定给予合理补偿。

第六章　法律责任

第四十二条 依照《矿产资源法》第三十九条、第四十条、第四十二条、第四十三条、第四十四条规定处以罚款的，分别按照下列规定执行：

（一）未取得采矿许可证擅自采矿的，擅自进入国家规划矿区、对国民经济具有重要价值的矿区和他人矿区范围采矿的，擅自开采国家规定实行保护性开采的特定矿种的，处以违法所得50%以下的罚款；

（二）超越批准的矿区范围采矿的，处以违法所得30%以下的罚款；

（三）买卖、出租或者以其他形式转让矿产资源的，买卖、出租采矿权的，对卖方、出租方、出让方处以违法所得一倍以下的罚款；

（四）非法用采矿权作抵押的，处以5000元以下的罚款；

（五）违反规定收购和销售国家规定统一收购的矿产品的，处以违法所得一倍以下的罚款；

（六）采取破坏性的开采方法开采矿产资源，造成矿产资源严重破坏的，处以相当于矿产资源损失价值50%以下的罚款。

第四十三条 违反本细则规定，有下列行为之一的，对主管人员和直接责任人员给予行政处分；构成犯罪的，依法追究刑事责任：

（一）批准不符合办矿条件的单位或者个人开办矿山的；

（二）对未经依法批准的矿山企业或者个人颁发采矿许可证的。

第七章　附　则

第四十四条　地下水资源具有水资源和矿产资源的双重属性。地下水资源的勘查，适用《矿产资源法》和本细则；地下水资源的开发、利用、保护和管理，适用《水法》和有关的行政法规。

第四十五条　本细则由地质矿产部负责解释。

第四十六条　本细则自发布之日起施行。

附件：

矿产资源分类细目

（一）能源矿产

煤、煤成气、石煤、油页岩、石油、天然气、油砂、天然沥青、铀、钍、地热。

（二）金属矿产

铁、锰、铬、钒、钛；铜、铅、锌、铝土矿、镍、钴、钨、锡、铋、钼、汞、锑、镁；铂、钯、钌、锇、铱、铑；金、银；铌、钽、铍、锂、锆、锶、铷、铯；镧、铈、镨、钕、钐、铕、钇、钆、铽、镝、钬、铒、铥、镱、镥；钪、锗、镓、铟、铊、铪、铼、镉、硒、碲。

（三）非金属矿产

金刚石、石墨、磷、自然硫、硫铁矿、钾盐、硼、水晶（压电水晶、熔炼水晶、光学水晶、工艺水晶)、刚玉、蓝晶石、硅线石、红柱石、硅灰石、钠硝石、滑石、石棉、蓝石棉、云母、长石、石榴子石、叶腊石、透辉石、透闪石、蛭石、沸石、明矾石、芒硝(含钙芒硝)、石膏(含硬石、重晶石、毒重石、天然碱、方解石、冰洲石、菱镁矿、萤石(普通萤石、光学萤石)、宝石、黄玉、玉石、电气石、玛瑙、颜料矿物(赭石、颜料黄土)、石灰岩(电石用灰岩、制碱用灰岩、化肥用灰岩、熔剂用灰岩、玻璃用灰岩、水泥用灰岩、建筑石料用灰岩、制灰用灰岩、饰面用灰岩)、泥灰岩、白垩、含钾岩石、白云岩(冶金用白云岩、化肥用白云岩、玻璃用白云岩、建筑用白云岩)、石英岩(冶金用石英岩、玻璃用石英岩、化肥用石英岩)、砂岩(冶金用砂岩、玻璃用砂岩、水泥配料用砂岩、砖瓦用砂岩、化肥用砂岩、铸型用砂岩、陶瓷用砂岩)、天然石英砂(玻璃用砂、铸型用砂、建筑用砂、水泥配料用砂、水泥标准砂、砖瓦用砂)、脉石英(冶金用脉石英、玻璃用脉石英)、粉石英、天然油石、含钾砂页岩、硅藻土、页岩(陶粒页岩、砖瓦用页岩、水泥配料用页岩)、高岭土、陶瓷土、耐火粘土、凹凸棒石粘土、海泡石粘土、伊利石粘土、累托石粘土、膨润土、铁矾土、其他粘土(铸型用粘土、砖瓦用粘土、陶粒用粘土、水泥配料用粘土、水泥配料用红土、水泥配料用黄土、水泥配料用泥岩、保温材料用粘土)、橄榄岩(化肥用橄榄岩、建筑用橄榄岩)、蛇纹岩(化肥用蛇纹岩、熔剂用蛇纹岩、饰面用蛇纹岩)、玄武岩(铸石用玄武岩、岩棉用玄武岩)、辉绿岩(水泥用辉绿岩、铸石用辉绿岩、饰面用辉绿岩、建筑用辉绿岩)、安山岩(饰面用安山岩、建筑用安山岩、水泥混合材用安山玢岩)、闪长岩(水泥混合材用闪长玢岩、建筑用闪长岩)、花岗岩(建筑用花岗岩、饰面用花岗岩)、麦饭石、珍珠岩、黑曜岩、松脂岩、浮石、粗面岩（水泥用粗面岩、铸石用粗面岩）、霞石正长岩、凝灰岩（玻璃用凝灰岩、水泥用凝灰岩、建筑用凝灰岩）、火山灰、火山渣、大理岩（饰面用大理岩、建筑用大理岩、水泥用大理岩、玻璃用大理岩）、板岩（饰面用板岩、水泥配料用板岩）、片麻岩、角闪岩、泥炭、矿盐（湖盐、岩盐、天然卤水）、镁盐、碘、溴、砷。

（四）水气矿产

地下水、矿泉水、二氧化碳气、硫化氢气、氦气、氡气。

最高人民法院关于审理矿业权纠纷案件
适用法律若干问题的解释

法释〔2017〕12 号

　　《最高人民法院关于审理矿业权纠纷案件适用法律若干问题的解释》已于 2017 年 2 月 20 日由最高人民法院审判委员会第 1710 次会议通过，现予公布，自 2017 年 7 月 27 日起施行。

最高人民法院

2017 年 6 月 24 日

　　为正确审理矿业权纠纷案件，依法保护当事人的合法权益，根据《中华人民共和国物权法》《中华人民共和国合同法》《中华人民共和国矿产资源法》《中华人民共和国环境保护法》等法律法规的规定，结合审判实践，制定本解释。

　　第一条　人民法院审理探矿权、采矿权等矿业权纠纷案件，应当依法保护矿业权流转，维护市场秩序和交易安全，保障矿产资源合理开发利用，促进资源节约与环境保护。

　　第二条　县级以上人民政府国土资源主管部门作为出让人与受让人签订的矿业权出让合同，除法律、行政法规另有规定的情形外，当事人请求确认自依法成立之日起生效的，人民法院应予支持。

　　第三条　受让人请求自矿产资源勘查许可证、采矿许可证载明的有效期起始日确认其探矿权、采矿权的，人民法院应予支持。

矿业权出让合同生效后、矿产资源勘查许可证或者采矿许可证颁发前，第三人越界或者以其他方式非法勘查开采，经出让人同意已实际占有勘查作业区或者矿区的受让人，请求第三人承担停止侵害、排除妨碍、赔偿损失等侵权责任的，人民法院应予支持。

第四条 出让人未按照出让合同的约定移交勘查作业区或者矿区、颁发矿产资源勘查许可证或者采矿许可证，受让人请求解除出让合同的，人民法院应予支持。

受让人勘查开采矿产资源未达到国土资源主管部门批准的矿山地质环境保护与治理恢复方案要求，在国土资源主管部门规定的期限内拒不改正，或者因违反法律法规被吊销矿产资源勘查许可证、采矿许可证，或者未按照出让合同的约定支付矿业权出让价款，出让人请求解除出让合同的，人民法院应予支持。

第五条 未取得矿产资源勘查许可证、采矿许可证，签订合同将矿产资源交由他人勘查开采的，人民法院应依法认定合同无效。

第六条 矿业权转让合同自依法成立之日起具有法律约束力。矿业权转让申请未经国土资源主管部门批准，受让人请求转让人办理矿业权变更登记手续的，人民法院不予支持。

当事人仅以矿业权转让申请未经国土资源主管部门批准为由请求确认转让合同无效的，人民法院不予支持。

第七条 矿业权转让合同依法成立后，在不具有法定无效情形下，受让人请求转让人履行报批义务或者转让人请求受让人履行协助报批义务的，人民法院应予支持，但法律上或者事实上不具备履行条件的除外。

人民法院可以依据案件事实和受让人的请求，判决受让人代为办理报批手续，转让人应当履行协助义务，并承担由此产生的费用。

第八条 矿业权转让合同依法成立后，转让人无正当理由拒不履行报批义务，受让人请求解除合同、返还已付转让款及利息，并由转让人承担违约责任的，人民法院应予支持。

第九条 矿业权转让合同约定受让人支付全部或者部分转让款后办理报批手续，转让人在办理报批手续前请求受让人先履行付款义务的，人民法院应予支持，但受让人有确切证据证明存在转让人将同一矿业权转让给第三人、矿业权人将被兼并重组等符合合同法第六十八条规定情形的除外。

第十条 国土资源主管部门不予批准矿业权转让申请致使矿业权转让合同被解除，受让人请求返还已付转让款及利息，采矿权人请求受让人返还获得的矿产品及收益，或者探矿权人请求受让人返还勘查资料和勘查中回收的矿产品及收益的，人民法院应予支持，但受让人可请求扣除相关的成本费用。

当事人一方对矿业权转让申请未获批准有过错的，应赔偿对方因此受到的损失；双方均有过错的，应当各自承担相应的责任。

第十一条 矿业权转让合同依法成立后、国土资源主管部门批准前，矿业权人又将矿业权转让给第三人并经国土资源主管部门批准、登记，受让人请求解除转让合同、返还已付转让款及利息，并由矿业权人承担违约责任的，人民法院应予支持。

第十二条 当事人请求确认矿业权租赁、承包合同自依法成立之日起生效的，人民法院应予支持。

矿业权租赁、承包合同约定矿业权人仅收取租金、承包费，放弃矿山管理，不履行安全生产、生态环境修复等法定义务，不承担相应法律责任的，人民法院应依法认定合同无效。

第十三条 矿业权人与他人合作进行矿产资源勘查开采所签订的合同，当事人请求确认自依法成立之日起生效的，人民法院应予支持。

合同中有关矿业权转让的条款适用本解释关于矿业权转让合同的规定。

第十四条 矿业权人为担保自己或者他人债务的履行，将矿业权抵押给债权人的，抵押合同自依法成立之日起生效，但法律、行政法规规定不得抵押的除外。

当事人仅以未经主管部门批准或者登记、备案为由请求确认抵押合同无效的，人民法院不予支持。

第十五条 当事人请求确认矿业权之抵押权自依法登记时设立的，人民法院应予支持。

颁发矿产资源勘查许可证或者采矿许可证的国土资源主管部门根据相关规定办理的矿业权抵押备案手续，视为前款规定的登记。

第十六条 债务人不履行到期债务或者发生当事人约定的实现抵押权的情形，抵押权人依据民事诉讼法第一百九十六条、第一百九十七条规定申请实现抵押权的，人民法院可以拍卖、变卖矿业权或者裁定以矿业权抵债，但矿业权竞买人、受让人应具备相应的资质条件。

第十七条 矿业权抵押期间因抵押人被兼并重组或者矿床被压覆等原因导致矿业权全部或者部分灭失，抵押权人请求就抵押人因此获得的保险金、赔偿金或者补偿金等款项优先受偿或者将该款项予以提存的，人民法院应予支持。

第十八条 当事人约定在自然保护区、风景名胜区、重点生态功能区、生态环境敏感区和脆弱区等区域内勘查开采矿产资源，违反法律、行政法规的强制性规定或者损害环境公共利益的，人民法院应依法认定合同无效。

第十九条　因越界勘查开采矿产资源引发的侵权责任纠纷，涉及国土资源主管部门批准的勘查开采范围重复或者界限不清的，人民法院应告知当事人先向国土资源主管部门申请解决。

第二十条　因他人越界勘查开采矿产资源，矿业权人请求侵权人承担停止侵害、排除妨碍、返还财产、赔偿损失等侵权责任的，人民法院应予支持，但探矿权人请求侵权人返还越界开采的矿产品及收益的除外。

第二十一条　勘查开采矿产资源造成环境污染，或者导致地质灾害、植被毁损等生态破坏，法律规定的机关和有关组织提起环境公益诉讼的，人民法院应依法予以受理。

法律规定的机关和有关组织提起环境公益诉讼的，不影响因同一勘查开采行为受到人身、财产损害的自然人、法人和其他组织依据民事诉讼法第一百一十九条的规定提起诉讼。

第二十二条　人民法院在审理案件中，发现无证勘查开采，勘查资质、地质资料造假，或者勘查开采未履行生态环境修复义务等违法情形的，可以向有关行政主管部门提出司法建议，由其依法处理；涉嫌犯罪的，依法移送侦查机关处理。

第二十三条　本解释施行后，人民法院尚未审结的一审、二审案件适用本解释规定。本解释施行前已经作出生效裁判的案件，本解释施行后依法再审的，不适用本解释。

矿产资源开采登记管理办法

中华人民共和国国务院令
第 241 号

现发布《矿产资源开采登记管理办法》，自发布之日起施行。

总理　李鹏

1998 年 2 月 12 日

（1998 年 02 月 12 日国务院令第 241 号发布；根据 2014 年 07 月 29 日《国务院关于修改部分行政法规的决定》修正）

第一条　为了加强对矿产资源开采的管理，保护采矿权人的合法权益，维护矿产资源开采秩序，促进矿业发展，根据《中华人民共和国矿产资源法》，制定本办法。

第二条　在中华人民共和国领域及管辖的其他海域开采矿产资源，必须遵守本办法。

第三条　开采下列矿产资源，由国务院地质矿产主管部门审批登记，颁发采矿许可证：

（一）国家规划矿区和对国民经济具有重要价值的矿区内的矿产资源

（二）领海及中国管辖的其他海域的矿产资源

（三）外商投资开采的矿产资源

（四）本办法附录所列的矿产资源。

开采石油、天然气矿产的，经国务院指定的机关审查同意后，由国务院地质矿产主管部门登记，颁发采矿许可证。

开采下列矿产资源，由省、自治区、直辖市人民政府地质矿产主管部门审批登记，颁发采矿许可证：

（一）本条第一款、第二款规定以外的矿产储量规模中型以上的矿产资源

（二）国务院地质矿产主管部门授权省、自治区、直辖市人民政府地质矿产主管部门审批登记的矿产资源。

开采本条第一款、第二款、第三款规定以外的矿产资源，由县级以上地方人民政府负责地质矿产管理工作的部门，按照省、自治区、直辖市人民代表大会常务委员会制定的管理办法审批登记，颁发采矿许可证。

矿区范围跨县级以上行政区域的，由所涉及行政区域的共同上一级登记管理机关审批登记，颁发采矿许可证。

县级以上地方人民政府负责地质矿产管理工作的部门在审批发证后，应当逐级向上一级人民政府负责地质矿产管理工作的部门备案。

第四条 采矿权申请人在提出采矿权申请前，应当根据经批准的地质勘查储量报告，向登记管理机关申请划定矿区范围。

需要申请立项，设立矿山企业的，应当根据划定的矿区范围，按照国家规定办理有关手续。

第五条 采矿权申请人申请办理采矿许可证时，应当向登记管理机关提交下列资料：

（一）申请登记书和矿区范围图

（二）采矿权申请人资质条件的证明

（三）矿产资源开发利用方案

（四）依法设立矿山企业的批准文件

（五）开采矿产资源的环境影响评价报告

（六）国务院地质矿产主管部门规定提交的其他资料。

申请开采国家规划矿区或者对国民经济具有重要价值的矿区内的矿产资源和国家实行保护性开采的特定矿种的，还应当提交国务院有关主管部门的批准文件。

申请开采石油、天然气的，还应当提交国务院批准设立石油公司或者同意进行石油、天然气开采的批准文件以及采矿企业法人资格证明。

第六条 登记管理机关应当自收到申请之日起40日内，作出准予登记或者不予登记的决定，并通知采矿权申请人。

需要采矿权申请人修改或者补充本办法第五条规定的资料的，登记管理机关应当通知采矿权申请人限期修改或者补充。

准予登记的，采矿权申请人应当自收到通知之日起30日内，依照本办法第九条的规定缴纳采矿权使用费，并依照本办法第十条的规定缴纳国家出资勘查形成的采矿权价款，办理登记手续，领取采矿许可证，成为采矿权人。

不予登记的，登记管理机关应当向采矿权申请人说明理由。

第七条 采矿许可证有效期，按照矿山建设规模确定：大型以上的，采矿许可证有效期最长为30年；中型的，采矿许可证有效期最长为20年；小型的，采矿许可证有效期最长为10年。采矿许可证有效期满，需要继续采矿的，采矿权人应当在采矿许可证有效期届满的30日前，到登记管理机关办理延续登记手续。

采矿权人逾期不办理延续登记手续的，采矿许可证自行废止。

第八条 登记管理机关在颁发采矿许可证后，应当通知矿区范围所在地的有关县级人民政府。有关县级人民政府应当自收到通知之日起 90 日内，对矿区范围予以公告，并可以根据采矿权人的申请，组织埋设界桩或者设置地面标志。

第九条 国家实行采矿权有偿取得的制度。采矿权使用费，按照矿区范围的面积逐年缴纳，标准为每平方公里每年 1 000 元。

第十条 申请国家出资勘查并已经探明矿产地的采矿权的，采矿权申请人除依照本办法第九条的规定缴纳采矿权使用费外，还应当缴纳国家出资勘查形成的采矿权价款；采矿权价款按照国家有关规定，可以一次缴纳，也可以分期缴纳。

国家出资勘查形成的采矿权价款，由具有矿业权评估资质的评估机构进行评估；评估报告报登记管理机关备案。

第十一条 采矿权使用费和国家出资勘查形成的采矿权价款由登记管理机关收取，全部纳入国家预算管理。具体管理。使用办法，由国务院地质矿产主管部门会同国务院财政部门、计划主管部门制定。

第十二条 有下列情形之一的，由采矿权人提出申请，经省级以上人民政府登记管理机关按照国务院地质矿产主管部门会同国务院财政部门制定的采矿权使用费和采矿权价款的减免办法审查批准，可以减缴。免缴采矿权使用费和采矿权价款：

（一）开采边远贫困地区的矿产资源的

（二）开采国家紧缺的矿种的

（三）因自然灾害等不可抗力的原因，造成矿山企业严重亏损或者停产的

（四）国务院地质矿产主管部门和国务院财政部门规定的其他情形。

第十三条 采矿权可以通过招标投标的方式有偿取得。

登记管理机关依照本办法第三条规定的权限确定招标的矿区范围，发布招标公告，提出投标要求和截止日期；但是，对境外招标的矿区范围由国务院地质矿产主管部门确定。

登记管理机关组织评标，采取择优原则确定中标人。中标人缴纳本办法第九条、第十条规定的费用后，办理登记手续，领取采矿许可证，成为采矿权人，并履行标书中承诺的义务。

第十四条 登记管理机关应当对本行政区域内的采矿权人合理开发利用矿产资源、保护环境及其他应当履行的法定义务等情况依法进行监督检查。采矿权人应当如实报告有关情况，并提交年度报告。

第十五条 有下列情形之一的，采矿权人应当在采矿许可证有效期内，向登记管理机关申请变更登记：

（一）变更矿区范围的

（二）变更主要开采矿种的

（三）变更开采方式的

（四）变更矿山企业名称的

（五）经依法批准转让采矿权的。

第十六条 采矿权人在采矿许可证有效期内或者有效期届满，停办、关闭矿山的，应当自决定停办或者关闭矿山之日起 30 内，向原发证机关申请办理采矿许可证注销登记手续。

第十七条 任何单位和个人未领取采矿许可证擅自采矿的，擅自进入国家规划矿区和对国民经济具有重要价值的矿区范围采矿的，擅自开采国家规定实行保护性开采的特定矿种的，超越批准的矿区范围采矿的，由登记管理机关依照有关法律、行政法规的规定予以处罚。

第十八条 不依照本办法规定提交年度报告、拒绝接受监督检查或者弄虚作假的，由县级以上人民政府负责地质矿产管理工作的部门按照国务院地质矿产主管部门规定的权限，责令停止违法行为，予以警告，可以并处 5 万元以下的罚款；情节严重的，由原发证机关吊销采矿许可证。

第十九条　破坏或者擅自移动矿区范围界桩或者地面标志的，由县级以上人民政府负责地质矿产管理工作的部门按照国务院地质矿产主管部门规定的权限，责令限期恢复；情节严重的，处 3 万元以下的罚款。

第二十条　擅自印制或者伪造、冒用采矿许可证的，由县级以上人民政府负责地质矿产管理工作的部门按照国务院地质矿产主管部门规定的权限，没收违法所得，可以并处 10 万元以下的罚款；构成犯罪的，依法追究刑事责任。

第二十一条　违反本办法规定，不按期缴纳本办法规定应当缴纳的费用的，由登记管理机关责令限期缴纳，并从滞纳之日起每日加收千分之二的滞纳金；逾期仍不缴纳的，由原发证机关吊销采矿许可证。

第二十二条　违反本办法规定，不办理采矿许可证变更登记或者注销登记手续的，由登记管理机关责令限期改正；逾期不改正的，由原发证机关吊销采矿许可证。

第二十三条　违反本办法规定开采石油、天然气矿产的，由国务院地质矿产主管部门按照本办法的有关规定给予行政处罚。

第二十四条　采矿权人被吊销采矿许可证的，自采矿许可证被吊销之日起 2 年内不得再申请采矿权。

第二十五条　登记管理机关工作人员徇私舞弊、滥用职权、玩忽职守，构成犯罪的，依法追究刑事责任；尚不构成犯罪的，依法给予行政处分。

第二十六条 采矿许可证由国务院地质矿产主管部门统一印制。申请登记书、变更申请登记书和注销申请登记书的格式，由国务院地质矿产主管部门统一制定。

第二十七条 办理采矿登记手续，应当按照规定缴纳登记费。收费标准和管理、使用办法，由国务院物价主管部门会同国务院地质矿产主管部门、财政部门规定。

第二十八条 外商投资开采矿产资源，依照本办法的规定办理；法律、行政法规另有特别规定的，从其规定。

第二十九条 中外合作开采矿产资源的，中方合作者应当在签订合同后，将合同向原发证机关备案。

第三十条 本办法施行前已经取得采矿许可证的，由国务院地质矿产主管部门统一组织换领新采矿许可证。

本办法施行前已经开办的矿山企业，应当自本办法施行之日起开始缴纳采矿权使用费，并可以依照本办法的规定申请减缴、免缴。

第三十一条 登记管理机关应当对颁发的采矿许可证和吊销的采矿许可证予以公告。

第三十二条 本办法所称矿区范围，是指经登记管理机关依法划定的可供开采矿产资源的范围、井巷工程设施分布范围或者露天剥离范围的立体空间区域。

本办法所称开采方式，是指地下开采或者露天开采。

第三十三条 本办法附录的修改，由国务院地质矿产主管部门报国务院批准后公布。

第三十四条 本办法自发布之日起施行。1987年4月29日国务院发布的《全民所有制矿山企业采矿登记管理暂行办法》和1990年11月22日《国务院关于修改〈全民所有制矿山企业采矿登记管理暂行办法〉的决定》同时废止。

矿业权交易规则

国土资源部关于印发《矿业权交易规则》的通知

国土资规〔2017〕7号

各省、自治区、直辖市国土资源主管部门：

　　为贯彻落实国务院整合建立统一的公共资源交易平台等有关工作要求，进一步规范矿业权交易行为，促进矿业权市场健康发展，现将《矿业权交易规则》印发给你们，请遵照执行。

2017年9月6日

第一章　总　则

　　第一条　为进一步规范矿业权交易行为，确保矿业权交易公开、公平、公正，维护国家权益和矿业权人合法权益，根据《中华人民共和国矿产资源法》《中华人民共和国拍卖法》《中华人民共和国招标投标法》《矿产资源勘查区块登记管理办法》《矿产资源开采登记管理办法》《探矿权采矿权转让管理办法》，以及《国务院办公厅关于印发整合建立统一的公共资源交易平台工作方案的通知》等相关规定，制定本规则。

　　第二条　本规则所称矿业权是指探矿权和采矿权，矿业权交易是指县级以上人民政府国土资源主管部门（以下简称国土资源主管部门）出让矿业权或者矿业权人转让矿业权的行为。

　　矿业权出让是指国土资源主管部门根据矿业权审批权限，以招标、拍卖、挂牌、申请在先、协议等方式依法向探矿权申请人授予探矿权和以招标、拍卖、挂牌、探矿权转采矿权、协议等方式依法向采矿权申请人授予采矿权的行为。

矿业权转让是指矿业权人将矿业权依法转移给他人的行为。

第三条 矿业权出让适用本规则，矿业权转让可参照执行。

铀矿等国家规定不宜公开矿种的矿业权交易不适用本规则。

第四条 矿业权交易主体是指依法参加矿业权交易的出让人、转让人、受让人、投标人、竞买人、中标人和竞得人。受让人、投标人、竞买人、中标人和竞得人应当符合法律、法规有关资质要求的规定。

出让人是指出让矿业权的国土资源主管部门。转让人是指转让其拥有合法矿业权的矿业权人。受让人是指符合探矿权、采矿权申请条件或者受让条件的、能独立承担民事责任的法人。

以招标方式出让的，参与投标各方为投标人；以拍卖和挂牌方式出让的，参与竞拍和竞买各方均为竞买人；出让人按公告的规则确定中标人、竞得人。

第五条 矿业权交易平台是指依法设立的，为矿业权出让、转让提供交易服务的机构。矿业权交易平台包括已将矿业权出让纳入的地方人民政府建立的公共资源交易平台、国土资源主管部门建立的矿业权交易机构等。

矿业权交易平台应当具有固定交易场所、完善的交易管理制度、相应的设备和专业技术人员。

矿业权交易平台可委托具有相应资质的交易代理中介机构完成具体的招标、拍卖、挂牌程序工作。

矿业权交易平台应当积极推动专家资源及专家信用信息的互联共享，应当采取随机方式确定评标专家。

第六条 矿业权交易平台应当按照本规则组织矿业权交易，公开交易服务指南、交易程序、交易流程、格式文书等，自觉接受国土资源主管部门的监督和业务指导，加强自律管理，维护市场秩序，保证矿业权交易公开、公平、公正。

第七条 以招标、拍卖、挂牌方式出让矿业权的，应当按照审批管理权限，在同级矿业权交易平台或者国土资源主管部门委托的矿业权交易平台中进行。

国土资源部登记权限需要进行招标、拍卖、挂牌出让矿业权的，油气矿业权由国土资源部组织实施，非油气矿业权由国土资源部委托省级国土资源主管部门组织矿业权交易平台实施。

第八条 以招标、拍卖、挂牌方式出让矿业权的，矿业权交易平台按照国土资源主管部门下达的委托书或者任务书组织实施。

转让人委托矿业权交易平台以招标、拍卖、挂牌方式组织矿业权转让交易的，应当签订委托合同。委托合同应当包括下列内容：

（一）转让人和矿业权交易平台的名称、场所；

（二）委托服务事项及要求；

（三）服务费用；

（四）违约责任；

（五）纠纷解决方式；

（六）需要约定的其他事项。

第二章 公 告

第九条 以招标、拍卖、挂牌方式出让矿业权的，矿业权交易平台依据出让人提供的相关材料发布出让公告，编制招标、拍卖、挂牌相关文件。

第十条　矿业权交易平台或者国土资源主管部门应当在下列平台同时发布公告：

（一）国土资源部门户网站；

（二）同级国土资源主管部门门户网站；

（三）矿业权交易平台交易大厅；

（四）有必要采取的其他方式。

第十一条　出让公告应当包括以下内容：

（一）出让人和矿业权交易平台的名称、场所；

（二）出让矿业权的简要情况，包括项目名称、矿种、地理位置、拐点范围坐标、面积、资源储量（勘查工作程度）、开采标高、资源开发利用情况、拟出让年限等，以及勘查投入、矿山地质环境保护及土地复垦要求等；

（三）投标人或者竞买人的资质条件；

（四）出让方式及交易的时间、地点；

（五）获取招标、拍卖、挂牌文件的途径和申请登记的起止时间及方式；

（六）确定中标人、竞得人的标准和方法；

（七）交易保证金的缴纳和处置；

（八）风险提示；

（九）对交易矿业权异议的处理方式；

（十）需要公告的其他内容。

第十二条　以招标、拍卖、挂牌方式出让矿业权的，应当在投标截止日、公开拍卖日或者挂牌起始日 20 个工作日前发布公告。

第十三条　矿业权交易平台应当按公告载明的时间、地点、方式，接受投标人或者竞买人的书面申请；投标人或者竞买人应当提供其符合矿业权受让人主体资质的有效证明材料，并对其真实性和合法性负责。

矿业权受让人资质证明材料应当包括：企业法人营业执照或者事业单位法人证书、法定代表人身份证明以及按规定应当提供的其他材料。

第十四条　经矿业权交易平台审核符合公告的受让人资质条件的投标人或者竞买人，按照交易公告缴纳交易保证金后，经矿业权交易平台书面确认后取得交易资格。

第三章　交易形式及流程

第十五条　矿业权交易平台应当按公告确定的时间、地点组织交易，并书面通知出让人和取得交易资格的投标人或者竞买人参加。

第十六条　招标、拍卖出让矿业权的，每宗标的的投标人或者竞买人不得少于3人。少于3人的，出让人应当按照相关规定停止招标、拍卖或者重新组织或者选择其他方式交易。

第十七条　招标、拍卖、挂牌方式出让矿业权的，招标标底、拍卖和挂牌底价、起始价由出让人按国家有关规定确定。

招标标底，拍卖和挂牌底价在交易活动结束前须保密且不得变更。

无底价拍卖的，应当在竞价开始前予以说明；无底价挂牌的，应当在挂牌起始日予以说明。

第十八条　投标人应当在投标截止时间之前，将投标文件密封送达矿业权交易平台，矿业权交易平台应当场签收保存，在开标前不得开启；投标截止时间之后送达的，矿业权交易平台应当拒收。

在投标截止时间之前，投标人可以补充、修改但不得撤回投标文件，补充、修改的内容作为投标文件的组成部分。

第十九条 开标时，由出让人、投标人检查投标文件的密封情况，当众拆封，由矿业权交易平台工作人员宣读投标人名称、投标价格和投标文件的主要内容。

矿业权交易平台应当按照已公告的标准和方法确定中标人。

第二十条 拍卖会依照下列程序组织竞价：

（一）拍卖主持人点算竞买人；

（二）拍卖主持人介绍拍卖标的简要情况；

（三）拍卖主持人宣布拍卖规则和注意事项，说明本次拍卖有无底价设置；

（四）拍卖主持人报出起始价；

（五）竞买人应价；

（六）拍卖主持人宣布拍卖交易结果。

第二十一条 挂牌期间，矿业权交易平台应当在挂牌起始日公布挂牌起始价、增价规则、挂牌时间等；竞买人在挂牌时间内填写报价单报价，报价相同的，最先报价为有效报价；矿业权交易平台确认有效报价后，更新挂牌价。

挂牌期限届满，宣布最高报价及其报价者，并询问竞买人是否愿意继续竞价。有愿意继续竞价的，通过现场竞价确定竞得人。

挂牌时间不得少于 10 个工作日。

第二十二条 拍卖会竞价结束、挂牌期限届满，矿业权交易平台依照下列规定确定是否成交：

（一）有底价的，不低于底价的最高报价者为竞得人；无底价的，不低于起始价的最高报价者为竞得人。

（二）无人报价或者竞买人报价低于底价的，不成交。

第四章 确认及中止、终止

第二十三条 招标成交的，矿业权交易平台应当在确定中标人的当天发出中标通知书；拍卖、挂牌成交的，应当当场签订成交确认书。

第二十四条 中标通知书或者成交确认书应当包括下列基本内容：

（一）出让人和中标人或者竞得人及矿业权交易平台的名称、场所；

（二）出让的矿业权名称、交易方式；

（三）成交时间、地点和成交价格，主要中标条件；

（四）出让人和竞得人对交易过程和交易结果的确认；

（五）矿业权出让合同的签订时间；

（六）交易保证金的处置办法；

（七）需要约定的其他内容。

第二十五条 矿业权交易平台应当在招标、拍卖、挂牌活动结束后，5个工作日内通知未中标、未竞得的投标人、竞买人办理交易保证金退还手续。退还的交易保证金不计利息。

第二十六条 出让人与中标人或者竞得人应当根据中标通知书或者成交确认书签订矿业权出让合同。国土资源部登记权限的油气矿业权，由国土资源部与中标人或者竞得人签订出让合同；国土资源部登记权限的非油气矿业权，由省级国土资源主管部门与中标人或者竞得人签订出让合同。矿业权出让合同应当包括下列基本内容：

（一）出让人、中标人或者竞得人和矿业权交易平台的名称、场所、法定代表人；

（二）出让矿业权的简要情况，包括项目名称、矿种、地理位置、拐点范围坐标、面积、资源储量（勘查工作程度）、资源开发利用、开采标高等，以及勘查投入、矿山环境保护及土地复垦要求等；

（三）出让矿业权的年限；

（四）成交价格、付款期限、要求或者权益实现方式等；

（五）申请办理矿业权登记手续的时限及要求；

（六）争议解决方式及违约责任；

（七）需要约定的其他内容。

以协议方式出让矿业权的，参照上述内容签订出让合同。

第二十七条 有下列情形之一的，矿业权交易行为中止：

（一）公示公开期间出让的矿业权权属争议尚未解决；

（二）交易主体有矿产资源违法行为尚未处理，或者矿产资源违法行为的行政处罚尚未执行完毕；

（三）因不可抗力应当中止矿业权交易的其他情形。

矿业权交易行为中止的原因消除后，应当及时恢复矿业权交易。

第二十八条 有下列情形之一的，矿业权交易行为终止：

（一）出让人提出终止交易；

（二）因不可抗力应当终止矿业权交易；

（三）法律法规规定的其他情形。

第二十九条 出让人需要中止、终止或者恢复矿业权交易的，应当向矿业权交易平台出具书面意见。

矿业权交易平台提出中止、终止或者恢复矿业权交易，需经出让人核实同意，并出具书面意见。

矿业权交易平台应当及时发布中止、终止或者恢复交易的公告。

第五章 公示公开

第三十条 招标、拍卖、挂牌方式出让矿业权交易成交的，矿业权交易平台应当将成交结果进行公示。应当公示的主要内容包括：

（一）中标人或者竞得人的名称、场所；

（二）成交时间、地点；

（三）中标或者竞得的勘查区块、面积、开采范围的简要情况；

（四）矿业权成交价格及缴纳时间、方式；

（五）申请办理矿业权登记的时限；

（六）对公示内容提出异议的方式及途径；

（七）应当公示的其他内容。

第三十一条 以协议方式出让矿业权的，在确定协议出让矿业权受让人和出让范围后、申请登记前，国土资源主管部门应当将相关信息进行公示。应当公示的主要内容包括：

（一）受让人名称；

（二）项目名称或者矿山名称；

（三）拟协议出让矿业权的范围（含坐标、采矿权的开采标高、面积）及地理位置；

（四）勘查开采矿种、开采规模；

（五）符合协议出让规定的情形及理由；

（六）对公示内容提出异议的方式及途径；

（七）应当公开的其他内容。

以协议方式出让的非油气矿业权，须到国土资源部办理登记手续的，由省级国土资源主管部门进行信息公示，公示无异议后，省级国土资源主管部门向国土资源部出具公示无异议的书面材料，并附上述公示的主要内容。

第三十二条 申请在先、探矿权转采矿权（含划定矿区范围申请和采矿权登记申请）、以协议方式出让矿业权（协议出让采矿权的含划定矿区范围申请和采矿权登记申请）申请登记的，在国土资源主管部门受理后，应当将相关信息对外公开。

应当公开的主要内容包括：

（一）申请人名称；

（二）项目名称或者矿山名称；

（三）申请矿业权的取得方式；

（四）申请矿业权的范围（含坐标、采矿权的开采标高、面积）及地理位置；

（五）勘查开采矿种、开采规模；

（六）协议出让矿业权（划定矿区范围申请除外）的，所需缴纳的矿业权出让收益总额及缴纳方式；

（七）应当公开的其他内容。

第三十三条 转让矿业权的，国土资源主管部门在受理矿业权申请材料后，应当同时将转让基本信息进行公示。应当公示的主要内容包括：

（一）转让人名称、法定代表人、场所；

（二）项目名称或者矿山名称；

（三）受让人名称、法定代表人、场所；

（四）转让矿业权许可证号、发证机关、有效期限；

（五）转让矿业权的矿区（勘查区）地理位置、坐标、采矿权的开采标高、面积、勘查成果情况、资源储量情况；

（六）转让价格、转让方式；

（七）对公示内容提出异议的方式及途径；

（八）应当公示的其他内容。

须到国土资源部办理非油气矿业权转让审批手续的，由省级国土资源主管部门负责信息公示。

第三十四条 招标、拍卖、挂牌方式出让矿业权成交的，矿业权交易平台应当在发出中标通知书或者签订成交确认书后 5 个工作日内进行信息公示。

第三十五条 以招标、拍卖、挂牌方式出让矿业权的，公示信息应当在下列平台同时发布：

（一）国土资源部门户网站；

（二）同级国土资源主管部门门户网站；

（三）矿业权交易平台交易大厅；

（四）有必要采取的其他方式。

第三十一条、第三十二条、第三十三条所要求的公示公开信息应当在下列平台同时发布：

（一）国土资源部门户网站；

（二）同级国土资源主管部门门户网站；

（三）有必要采取的其他方式。

公示期不少于 10 个工作日。

申请非油气矿业权配号时，全国矿业权统一配号系统将与国土资源部门户网站自动关联并进行信息核对。

第三十六条 矿业权交易平台确需收取相关服务费用的，应当按照规定报所在地价格主管部门批准，并公开收费标准。

第三十七条 招标、拍卖、挂牌方式出让矿业权的，矿业权出让成交信息公示无异议、中标人或者竞得人履行相关手续后，持中标通知书或者成交确认书、矿业权出让合同等相关材料，向有审批权限的国土资源主管部门申请办理矿业权登记手续。

须到国土资源部办理以协议出让方式出让矿业权登记手续的，由省级国土资源主管部门按照公示无异议的书面材料，开展矿业权出让收益评估工作；油气矿业权的出让收益评估要求另行规定。

第六章　交易监管

第三十八条　地方各级国土资源主管部门应当加强对矿业权交易活动的监督管理。上级国土资源主管部门负责监督下级国土资源主管部门的矿业权交易活动，并提供业务指导。

国土资源主管部门应当加强对矿业权招标拍卖挂牌过程的监督，完善投诉处置机制，公布投诉举报电话，加强社会监督。

第三十九条　矿业权交易平台应当对每一宗矿业权交易建立档案，收集、整理自接受委托至交易结束全过程产生的相关文书并分类登记造册。

第七章　违约责任及争议处理

第四十条　有下列情形之一的，视为中标人、竞得人违约，按照公告或者合同约定承担相应的违约责任：

（一）中标人放弃中标项目的、竞得人拒绝签订矿业权成交确认书，中标人、竞得人逾期不签订或者拒绝签订出让合同的；

（二）中标人、竞得人未按约定的时间付清约定的矿业权出让收益或者其他相关费用的；

（三）中标人、竞得人提供虚假文件或者隐瞒事实的；

（四）向主管部门或者评标委员会及其成员行贿或者采取其他不正当手段中标或者竞得的；

（五）其他依法应当认定为违约行为的情形。

第四十一条 矿业权交易过程中，矿业权交易平台及其工作人员有违法、违规行为的，由国土资源主管部门或者矿业权交易平台主管部门依法依规予以处理；造成经济损失的，应当承担经济赔偿责任；情节严重、构成犯罪的，移交司法机关处理。

第四十二条 交易过程中发生争议，合同有约定的，按合同执行；合同未约定的，由争议当事人协商解决，协商不成的，可依法向人民法院起诉。

第八章 附 则

第四十三条 省级国土资源主管部门可参照本规则制定矿业权交易规则及矿业权网上交易规则，规范矿业权交易行为。

第四十四条 矿业权交易活动中涉及的所有费用，均以人民币计价和结算。

第四十五条 《国土资源部关于建立健全矿业权有形市场的通知》（国土资发〔2010〕145号）、《国土资源部关于印发〈矿业权交易规则（试行）〉的通知》（国土资发〔2011〕242号）、《国土资源部办公厅关于做好矿业权有形市场出让转让信息公示公开有关工作的通知》（国土资厅发〔2011〕19号）以及《国土资源部办公厅关于加快推进建立地（市）级矿业权交易机构的通知》（国土资厅发〔2011〕42号）同步废止。

本规则发布前，国土资源部以往有关矿业权交易的规定与本规则不一致的，以本规则为准；省级国土资源主管部门制定的有关规范矿业权交易的文件与本规则不一致的，按照本规则执行。

第四十六条 本规则自发布之日起实行，有效期五年，由国土资源部负责解释。

矿山地质环境保护规定

中华人民共和国国土资源部令

第 64 号

《国土资源部关于修改和废止部分规章的决定》已经 2016 年 1 月 5 日国土资源部第 1 次部务会议审议通过，现予以公布，自公布之日起施行。

国土资源部部长

2016 年 1 月 8 日

（2009 年 3 月 2 日中华人民共和国国土资源部令第 44 号公布；根据 2015 年 5 月 6 日国土资源部第 2 次部务会议《国土资源部关于修改〈地质灾害危险性评估单位资质管理办法〉等 5 部规章的决定》第一次修正；根据 2016 年 1 月 5 日国土资源部第 1 次部务会议《国土资源部关于修改和废止部分规章的决定》第二次修正）

第一章 总 则

第一条 为保护矿山地质环境，减少矿产资源勘查开采活动造成的矿山地质环境破坏，保护人民生命和财产安全，促进矿产资源的合理开发利用和经济社会、资源环境的协调发展，根据《中华人民共和国矿产资源法》和《地质灾害防治条例》，制定本规定。

第二条 因矿产资源勘查开采等活动造成矿区地面塌陷、地裂缝、崩塌、滑坡，含水层破坏，地形地貌景观破坏等的预防和治理恢复，适用本规定。

开采矿产资源涉及土地复垦的，依照国家有关土地复垦的法律法规执行。

第三条 矿山地质环境保护，坚持预防为主、防治结合，谁开发谁保护、谁破坏谁治理、谁投资谁受益的原则。

第四条 国土资源部负责全国矿山地质环境的保护工作。

县级以上地方国土资源行政主管部门负责本行政区的矿山地质环境保护工作。

第五条 国家鼓励开展矿山地质环境保护科学技术研究，普及相关科学技术知识，推广先进技术和方法，制定有关技术标准，提高矿山地质环境保护的科学技术水平。

第六条 国家鼓励企业、社会团体或者个人投资，对已关闭或者废弃矿山的地质环境进行治理恢复。

第七条 任何单位和个人对破坏矿山地质环境的违法行为都有权进行检举和控告。

第二章　规　划

第八条　国土资源部负责全国矿山地质环境的调查评价工作。

省、自治区、直辖市国土资源行政主管部门负责本行政区域内的矿山地质环境调查评价工作。

市、县国土资源行政主管部门根据本地区的实际情况，开展本行政区域的矿山地质环境调查评价工作。

第九条　国土资源部依据全国矿山地质环境调查评价结果，编制全国矿山地质环境保护规划。

省、自治区、直辖市国土资源行政主管部门依据全国矿山地质环境保护规划，结合本行政区域的矿山地质环境调查评价结果，编制省、自治区、直辖市的矿山地质环境保护规划，报省、自治区、直辖市人民政府批准实施。

市、县级矿山地质环境保护规划的编制和审批，由省、自治区、直辖市国土资源行政主管部门规定。

第十条　矿山地质环境保护规划应当包括下列内容：

（一）矿山地质环境现状和发展趋势

（二）矿山地质环境保护的指导思想、原则和目标

（三）矿山地质环境保护的主要任务

（四）矿山地质环境保护的重点工程

（五）规划实施保障措施。

第十一条　矿山地质环境保护规划应当符合矿产资源规划，并与土地利用总体规划、地质灾害防治规划等相协调。

第三章 治理恢复

第十二条 采矿权申请人申请办理采矿许可证时，应当编制矿山地质环境保护与治理恢复方案，报有批准权的国土资源行政主管部门批准。

矿山地质环境保护与治理恢复方案应当包括下列内容：

（一）矿山基本情况

（二）矿山地质环境现状

（三）矿山开采可能造成地质环境影响的分析评估（含地质灾害危险性评估）

（四）矿山地质环境保护与治理恢复措施

（五）矿山地质环境监测方案

（六）矿山地质环境保护与治理恢复工程经费概算

（七）缴存矿山地质环境保护与治理恢复保证金承诺书。

依照前款规定已编制矿山地质环境保护与治理恢复方案的，不再单独进行地质灾害危险性评估。

第十三条 采矿权申请人未编制矿山地质环境保护与治理恢复方案，或者编制的矿山地质环境保护与治理恢复方案不符合要求的，有批准权的国土资源行政主管部门应当告知申请人补正；逾期不补正的，不予受理其采矿权申请。

第十四条 采矿权人扩大开采规模、变更矿区范围或者开采方式的，应当重新编制矿山地质环境保护与治理恢复方案，并报原批准机关批准。

第十五条 采矿权人应当严格执行经批准的矿山地质环境保护与治理恢复方案。

矿山地质环境保护与治理恢复工程的设计和施工，应当与矿产资源开采活动同步进行。

第十六条 开采矿产资源造成矿山地质环境破坏的，由采矿权人负责治理恢复，治理恢复费用列入生产成本。

矿山地质环境治理恢复责任人灭失的，由矿山所在地的市、县国土资源行政主管部门，使用经市、县人民政府批准设立的政府专项资金进行治理恢复。

国土资源部，省、自治区、直辖市国土资源行政主管部门依据矿山地质环境保护规划，按照矿山地质环境治理工程项目管理制度的要求，对市、县国土资源行政主管部门给予资金补助。

第十七条 采矿权人应当依照国家有关规定，缴存矿山地质环境治理恢复保证金。

矿山地质环境治理恢复保证金的缴存标准和缴存办法，按照省、自治区、直辖市的规定执行。矿山地质环境治理恢复保证金的缴存数额，不得低于矿山地质环境治理恢复所需费用。

矿山地质环境治理恢复保证金遵循企业所有、政府监管、专户储存、专款专用的原则。

第十八条 采矿权人按照矿山地质环境保护与治理恢复方案的要求履行了矿山地质环境治理恢复义务，经有关国土资源行政主管部门组织验收合格的，按义务履行情况返还相应额度的矿山地质环境治理恢复保证金及利息。

采矿权人未履行矿山地质环境治理恢复义务，或者未达到矿山地质环境保护与治理恢复方案要求，经验收不合格的，有关国土资源行政主管部门应当责令采矿权人限期履行矿山地质环境治理恢复义务。

第十九条 因矿区范围、矿种或者开采方式发生变更的，采矿权人应当按照变更后的标准缴存矿山地质环境治理恢复保证金。

第二十条 矿山地质环境治理恢复后，对具有观赏价值、科学研究价值的矿业遗迹，国家鼓励开发为矿山公园。

国家矿山公园由省、自治区、直辖市国土资源行政主管部门组织申报，由国土资源部审定并公布。

第二十一条 国家矿山公园应当具备下列条件：

（一）国内独具特色的矿床成因类型且具有典型、稀有及科学价值的矿业遗迹

（二）经过矿山地质环境治理恢复的废弃矿山或者部分矿段

（三）自然环境优美、矿业文化历史悠久

（四）区位优越，科普基础设施完善，具备旅游潜在能力

（五）土地权属清楚，矿山公园总体规划科学合理。

第二十二条 矿山关闭前，采矿权人应当完成矿山地质环境治理恢复义务。采矿权人在申请办理闭坑手续时，应当经国土资源行政主管部门验收合格，并提交验收合格文件，经审定后，返还矿山地质环境治理恢复保证金。

逾期不履行治理恢复义务或者治理恢复仍达不到要求的，国土资源行政主管部门使用该采矿权人缴存的矿山地质环境治理恢复保证金组织治理，治理资金不足部分由采矿权人承担。

第二十三条 采矿权转让的，矿山地质环境保护与治理恢复的义务同时转让。采矿权受让人应当依照本规定，履行矿山地质环境保护与治理恢复的义务。

第二十四条 以槽探、坑探方式勘查矿产资源，探矿权人在矿产资源勘查活动结束后未申请采矿权的，应当采取相应的治理恢复措施，对其勘查矿产资源遗留的钻孔、探井、探槽、巷道进行回填、封闭，对形成的危岩、危坡等进行治理恢复，消除安全隐患。

第四章　监督管理

第二十五条　县级以上国土资源行政主管部门对采矿权人履行矿山地质环境保护与治理恢复义务的情况进行监督检查。

相关责任人应当配合县级以上国土资源行政主管部门的监督检查，并提供必要的资料，如实反映情况。

第二十六条　县级以上国土资源行政主管部门应当建立本行政区域内的矿山地质环境监测工作体系，健全监测网络，对矿山地质环境进行动态监测，指导、监督采矿权人开展矿山地质环境监测。

采矿权人应当定期向矿山所在地的县级国土资源行政主管部门报告矿山地质环境情况，如实提交监测资料。

县级国土资源行政主管部门应当定期将汇总的矿山地质环境监测资料报上一级国土资源行政主管部门。

第二十七条　县级以上国土资源行政主管部门在履行矿山地质环境保护的监督检查职责时，有权对矿山地质环境保护与治理恢复方案确立的治理恢复措施落实情况和矿山地质环境监测情况进行现场检查，对违反本规定的行为有权制止并依法查处。

第二十八条　开采矿产资源等活动造成矿山地质环境突发事件的，有关责任人应当采取应急措施，并立即向当地人民政府报告。

第五章　法律责任

第二十九条　违反本规定，应当编制矿山地质环境保护与治理恢复方案而未编制的，或者扩大开采规模、变更矿区范围或者开采方式，未重新编制矿山地质环境保护与治理恢复方案并经原审批机关批准的，由县级以上国土资源行政主管部门责令限期改正；逾期不改正的，处3万元以下的罚款，颁发采矿许可证的国土资源行政主管部门不得通过其采矿许可证年检。

第三十条　违反本规定第十五条、第二十二条规定，未按照批准的矿山地质环境保护与治理恢复方案治理的，或者在矿山被批准关闭、闭坑前未完成治理恢复的，由县级以上国土资源行政主管部门责令限期改正；逾期拒不改正的，处3万元以下的罚款，5年内不受理其新的采矿权申请。

第三十一条　违反本规定第十七条规定，未按期缴存矿山地质环境治理恢复保证金的，由县级以上国土资源行政主管部门责令限期缴存；逾期不缴存的，处3万元以下的罚款。颁发采矿许可证的国土资源行政主管部门不得通过其采矿活动年度报告，不受理其采矿权延续变更申请。

第三十二条　违反本规定第二十四条规定，探矿权人未采取治理恢复措施的，由县级以上国土资源行政主管部门责令限期改正；逾期拒不改正的，处3万元以下的罚款，5年内不受理其新的探矿权、采矿权申请。

第三十三条　违反本规定，扰乱、阻碍矿山地质环境保护与治理恢复工作，侵占、损坏、损毁矿山地质环境监测设施或者矿山地质环境保护与治理恢复设施的，由县级以上国土资源行政主管部门责令停止违法行为，限期恢复原状或者采取补救措施，并处3万元以下的罚款；构成犯罪的，依法追究刑事责任。

第三十四条　县级以上国土资源行政主管部门工作人员违反本规定，在矿山地质环境保护与治理恢复监督管理中玩忽职守、滥用职权、徇私舞弊的，对相关责任人依法给予行政处分；构成犯罪的，依法追究刑事责任。

第六章　附　则

第三十五条　本规定实施前已建和在建矿山，采矿权人应当依照本规定编制矿山地质环境保护与治理恢复方案，报原采矿许可证审批机关批准，并缴存矿山地质环境治理恢复保证金。

第三十六条　本规定自 2009 年 5 月 1 日起施行。

地质遗迹保护管理规定

（一九九五年五月四日地质矿产部第二十一号令发布）

第一章 总 则

第一条 为加强对地质遗迹的管理，使其得到有效的保护及合理利用，根据《中华人民共和国环境保护法》、《中华人民共和国矿产资源法》及《中华人民共和国自然保护区条例》，制定本规定。

第二条 本规定适用于中华人民共和国领域及管辖海域内的各类地质遗迹。

第三条 本规定中所称地质遗迹，是指在地球演化的漫长地质历史时期，由于各种内外动力地质作用，形成、发展并遗留下来的珍贵的、不可再生的地质自然遗产。

第四条 被保护的地质遗迹是国家的宝贵财富，任何单位和个人不得破坏、挖掘、买卖或以其他形式转让。

第五条 地质遗迹的保护是环境保护的一部分，应实行"积极保护、合理开发"的原则。

第六条 国务院地质矿产行政主管部门在国务院环境保护

行政主管部门协助下，对全国地质遗迹保护实施监督管理。县级以上人民政府地质矿产行政主管部门在同级环境保护行政主管部门协助下，对本辖区内的地质遗迹保护实施监督管理。

第二章　地质遗迹的保护内容

第七条　下列地质遗迹应当予以保护：

一、对追溯地质历史具有重大科学研究价值的典型层型剖面（含副层型剖面）、生物化石组合带地层剖面，岩性岩相建造剖面及典型地质构造剖面和构造形迹。

二、对地质演化和生物进行具有重要科学文化价值的古人类与古脊椎动物、无脊椎动物、微体古生物、古植物等化石与产地以及重要古生物活动遗迹。

三、具有重大科学研究和观赏价值的岩溶、丹霞、黄土、雅丹、花岗岩奇峰、石英砂岩峰林、火山、冰山、陨石、鸣沙、海岸等奇特地质景观。

四、具有特殊学科研究和观赏价值的岩石、矿物、宝玉石及其他典型产地。

五、有独特医疗、保健作用或科学研究价值和温泉、矿泉、矿泥、地下水活动痕迹以及有特殊地质意义的瀑布、湖泊、奇泉。

六、具有科学研究意义的典型地震、地裂、塌陷、沉降、崩塌、滑坡、泥石流等地质灾害遗迹。

七、需要保护的其他地质遗迹。

第三章　地质遗迹的保护区的建设

第八条　对具有国际、国内和区域性典型意义的地质遗迹，可建立国家级、省级、县级地质遗迹保护段、地质遗迹保护点或地质公园，以下统称地质遗迹保护区。

第九条 地质遗迹保护区的分级标准：

国家级：

一、能为一个大区域甚至全球演化过程中某一重大地质历史事件或演化阶段提供重要地质证据的地质遗迹。

二、具有国际或国内大区域地层（构造）对比意义的典型剖面、化石及产地。

三、具有国际或国内典型地学意义的地质景观或现象。

省级：

一、能为区域地质历史演化阶段提供重要地质证据的地质遗迹。

二、有区域地层（构造）对比意义的典型剖面、化石及产地。

三、在地学分区及分类上，具有代表性或较高历史、文化、旅游价值的地质景观。

县级：

一、在本县的范围内具有科学研究价值的典型剖面、化石产地。

二、在小区域内具有特色的地质景观或地质现象。

第十条 地质遗迹保护区的申报和审批：

国家级地质遗迹保护区的建立，由国务院地质矿产行政主管部门或地质遗迹所在地的省、自治区、直辖市人民政府提出申请，经国家级自然保护区评审委员评审后，由国务院环境保护行政主管部门审查并签署意见，报国务院批准、公布。

对拟列入世界自然遗产名册的国家级地质遗迹保护区，由国务院地质矿产行政主管部门向国务院有关行政主管部门申报。

省级地质遗迹保护区的建立，由地质遗迹所在地的地（市）、县（市）人民政府或同级地质矿产行政主管部门提出申请，经省级自然保护区评审委员会评审后，由省、自治区、直辖市人民政府环境保护行政主管部门审查并签署意见，报省、自治区、直辖市人民政府批准、公布。

县级地质遗迹保护区的建立，由地质遗迹所在地的县级人民政府地质矿产行政主管部门提出申请，经县级自然保护区评审委员会评审后，由县（市）人民政府环境保护行政主管部门审查并签署意见，报县（市）级人民政府批准、公布。

跨两个以上行政区域的地质遗迹的地质保护区的建立，由有关行政区域的人民政府或同级地质矿产行政主管部门协商一致后提出申请，按照前三款规定的程序审批。

第十一条 保护程度的划分：

对保护区内的地质遗迹可分别实施一级保护、二级保护和三级保护。

一级保护：对国际或国内具有极为罕见和重要科学价值的地质遗迹实施一级保护，非经批准不得入内。经设立该级地质遗迹保护区的人民政府地质矿产行政主管部门批准，可组织进行参观、科研或国际间交往。

二级保护：对大区域范围内具有重要科学价值的地质遗迹实施二级保护。经设立该级地质遗迹保护区的人民政府地质矿产行政主管部门批准，可有组织地进行科研、教学、学术交流及适当的旅游活动。

三级保护：对具一定价值的地质遗迹实施三级保护。经设立该级地质遗迹保护区的人民政府地质矿产行政主管部门批准，可组织开展旅游活动。

第四章　地质遗迹保护区的管理

第十二条　国务院地质矿产行政主管部门拟定国家地质遗迹保护区发展规划，经国务院环境保护行政主管部门审查签署意见，由国务院计划部门综合平衡后报国务院批准实施。县级以上人民政府地质矿产行政主管部门拟定本辖区内地质遗迹保护区发展规划，经同级环境保护行政主管部门审查签署意见，由同级计划部门综合平衡后报同级人民政府批准实施。

第十三条　建立地质遗迹保护区应当兼顾保护对象的完整性及当地经济建设和群众生产、生活的需要。

第十四条　地质遗迹保护区的范围和界限由批准建立该保护区的人民政府确定、埋设固定标志并发布公告。未经原审批机关批准，任何单位和个人不得擅自移动、变更碑石、界标。

第十五条　地质遗迹保护区的管理可采取以下形式：

对独立存在的地质遗迹保护区，保护区所在地人民政府地质矿产行政主管部门应对其进行管理。

对于分布在其它类型自然保护区的地质遗迹保护区，保护区所在地质矿产行政主管部门，应根据地质遗迹保护区审批机关提出的保护要求，在原自然保护区管理机构的协助下，对地质遗迹保护区实施管理。

第十六条　地质遗迹保护区管理机构的主要职责：

一、贯彻执行国家有关地质遗迹保护的方针、政策和法律、法规。

二、制定管理制度，管理在保护区内从事的各项活动，包括开展有关科研、教学、旅游等活动。

三、对保护的内容进行监测、维护，防止遗迹被破坏和污染。

四、开展地质遗迹保护的宣传、教育活动。

第十七条 任何单位和个人不得在保护区内及可能对地质遗迹造成影响的一定范围内进行采石、取土、开矿、放牧、砍伐以及其它对保护对象有损害的活动。未经管理机构批准，不得在保护区范围内采集标本和化石。

第十八条 不得在保护区内修建与地质遗迹保护无关的厂房或其他建筑设施；对已建成并可能对地质遗迹造成污染或破坏的设施，应限期治理或停业外迁。

第十九条 管理机构可根据地质遗迹的保护程度，批准单位或个人在保护工区范围内从事科研、教学及旅游活动。所取得的科研成果应向地质遗迹保护管理机构提交副本存档。

第五章　法律责任

第二十条 有下列行为之一者，地质遗迹保护区管理机构可根据《中华人民共和国自然保护区条例》的有关规定，视不同情节，分别给予警告、罚款、没收非法所得，并责令赔偿损失。

一、违反本规定第十四条，擅自移动和破坏碑石、界标的；

二、违反本规定第十七条，进行采石、取土、开矿、放牧、砍伐以及采集标本化石的；

三、违反本规定第十八条，对地质遗迹造成污染和破坏的；

四、违反本规定第十九条，不服从保护区管理机构管理以及从事科研活动未向管理单位提交研究成果副本的。

第二十一条 对管理人员玩忽职守、监守自盗，破坏遗迹者，上级行政主管部门应给予行政处分，构成犯罪的依法追究刑事责任。

第二十二条 当事人对行政处罚决定不服的,可以提起行政复议和行政诉讼。

第六章 附 则

第二十三条 本规定由地质矿产部负责解释。

第二十四条 各省、自治区、直辖市人民政府地质矿产行政主管部门可根据本规定制定地方实施细则。

第二十五条 本规定自颁布之日起施行。

地质资料管理条例

中华人民共和国国务院令

第 676 号

现公布《国务院关于修改和废止部分行政法规的决定》，自公布之日起施行。

总理　李克强

2017 年 3 月 1 日

（2002 年 3 月 19 日中华人民共和国国务院令第 349 号发布；根据 2015 年 2 月 24 日国务院印发《国务院关于取消和调整一批行政审批项目等事项的决定》（国发〔2015〕11 号）、2016 年 2 月 3 日国务院印发《国务院关于取消 13 项国务院部门行政许可事项的决定》（国发〔2016〕10 号）、2016 年 2 月 6 日国务院令第 666 号《国务院关于修改部分行政法规的决定》和 2017 年 3 月 1 日国务院令第 676 号《国务院关于修改和废止部分行政法规的决定》进行修订）

第一章 总 则

第一条 为加强对地质资料的管理，充分发挥地质资料的作用，保护地质资料汇交人的合法权益，制定本条例。

第二条 地质资料的汇交、保管和利用，适用本条例。

本条例所称地质资料，是指在地质工作中形成的文字、图表、声像、电磁介质等形式的原始地质资料、成果地质资料和岩矿芯、各类标本、光薄片、样品等实物地质资料。

第三条 国务院地质矿产主管部门负责全国地质资料汇交、保管、利用的监督管理。

省、自治区、直辖市人民政府地质矿产主管部门负责本行政区域内地质资料汇交、保管、利用的监督管理。

第四条 国务院地质矿产主管部门和省、自治区、直辖市人民政府地质矿产主管部门的地质资料馆（以下简称地质资料馆）以及受国务院地质矿产主管部门委托的地质资料保管单位（以下简称地质资料保管单位）承担地质资料的保管和提供利用工作。

第五条 国家建立地质资料信息系统。

第六条 在地质资料管理工作中做出突出贡献的单位和个人，由国务院地质矿产主管部门或者省、自治区、直辖市人民政府地质矿产主管部门给予奖励。

第二章 地质资料的汇交

第七条 在中华人民共和国领域及管辖的其他海域从事矿产资源勘查开发的探矿权人或者采矿权人，为地质资料汇交人。

在中华人民共和国领域及管辖的其他海域从事前款规定以外地质工作项目的，其出资人为地质资料汇交人；但是，由国家出资的，承担有关地质工作项目的单位为地质资料汇交人。

第八条 国家对地质资料实行统一汇交制度。

地质资料汇交人应当按照本条例附件规定的范围汇交地质资料。

除成果地质资料、国家规定需要汇交的原始地质资料和实物地质资料外，其他的原始地质资料和实物地质资料只需汇交目录。国家规定需要汇交的原始地质资料和实物地质资料细目，由国务院地质矿产主管部门商国务院有关部门制定。

第九条 本条例附件规定的下列地质资料，由地质资料汇交人向国务院地质矿产主管部门汇交：

（一）石油、天然气、煤层气和放射性矿产的地质资料；

（二）海洋地质资料；

（三）国务院地质矿产主管部门规定应当向其汇交的其他地质资料。

前款规定以外的地质资料，由地质资料汇交人向地质工作项目所在地的省、自治区、直辖市人民政府地质矿产主管部门汇交。

第十条 地质资料汇交人应当按照下列规定的期限汇交地质资料：

（一）探矿权人应当在勘查许可证有效期届满的 30 日前汇交；

（二）除下列情形外，采矿权人应当在采矿许可证有效期届满的 90 日前汇交：

1. 属于阶段性关闭矿井的，自关闭之日起 180 日内汇交；

2. 采矿权人开发矿产资源时，发现新矿体、新矿种或者矿产资源储量发生重大变化的，自开发勘探工作结束之日起 180 日内汇交；

（三）因违反探矿权、采矿权管理规定，被吊销勘查许可证或者采矿许可证的，自处罚决定生效之日起 15 日内汇交；

（四）工程建设项目地质资料，自该项目竣工验收之日起 180 日内汇交；

（五）其他的地质资料，自地质工作项目结束之日起 180 日内汇交。

第十一条　因不可抗力，地质资料汇交人不能按照本条例第十条规定的期限汇交地质资料的，应当将造成延期汇交地质资料的不可抗力事实书面告知负责接收地质资料的地质矿产主管部门。

第十二条　汇交的地质资料，应当符合国务院地质矿产主管部门的有关规定及国家有关技术标准。

任何单位和个人不得伪造地质资料，不得在地质资料汇交中弄虚作假。

第十三条　汇交的地质资料，经验收合格后，由负责接收地质资料的地质矿产主管部门出具地质资料汇交凭证，并按照国务院地质矿产主管部门的规定及时移交地质资料馆或者地质资料保管单位。

第三章　地质资料的保管和利用

第十四条　地质资料馆和地质资料保管单位，应当建立地质资料的整理、保管制度，配置保存、防护、安全等必要设施，配备专业技术人员，保障地质资料的完整和安全。

第十五条　探矿权人、采矿权人汇交的地质资料，自勘查许可证、采矿许可证有效期届满之日起 30 日内，由地质资料馆或者地质资料保管单位予以公开；勘查许可证、采矿许可证获准延期的，自延续期届满之日起 30 日内，由地质资料馆或者地质资料保管单位予以公开。

前款规定以外的地质资料，自汇交之日起 90 日内，由地质资料馆或者地质资料保管单位予以公开。需要保护的，由接收地质资料的单位按照国务院地质矿产主管部门的规定予以保护。

第十六条　涉及国家秘密或者著作权的地质资料的保护、公开和利用，按照保守国家秘密法、著作权法的有关规定执行。

第十七条　保护期内的地质资料，只公开资料目录。但是，汇交人书面同意提前公开其汇交的地质资料的，自其同意之日起，由地质资料馆或者地质资料保管单位予以公开。

第十八条　保护期内的地质资料可以有偿利用，具体方式由利用人与地质资料汇交人协商确定。但是，利用保护期内国家出资勘查、开发取得的地质资料的，按照国务院地质矿产主管部门的规定执行。

因救灾等公共利益需要，政府及其有关部门可以无偿利用保护期内的地质资料。

第十九条　地质资料的利用人应当按照规定利用地质资料，不得损毁、散失地质资料。

地质资料馆和地质资料保管单位应当按照规定管理地质资料，不得非法披露、提供利用保护期内的地质资料或者封锁公开的地质资料。

第四章　法律责任

第二十条　未依照本条例规定的期限汇交地质资料的，由负责接收地质资料的地质矿产主管部门责令限期汇交；逾期不汇交的，处 1 万元以上 5 万元以下罚款，并予以通报，自发布通报之日起至逾期未汇交的资料全部汇交之日止，该汇交人不得申请新的探矿权、采矿权，不得承担国家出资的地质工作项目。

第二十一条　伪造地质资料或者在地质资料汇交中弄虚作假的，由负责接收地质资料的地质矿产主管部门没收、销毁地质资料，责令限期改正，处10万元罚款；逾期不改正的，通知原发证机关吊销其勘查许可证、采矿许可证或者取消其承担该地质工作项目的资格，自处罚决定生效之日起2年内，该汇交人不得申请新的探矿权、采矿权，不得承担国家出资的地质工作项目。

第二十二条　地质矿产主管部门、地质资料馆、地质资料保管单位违反本条例规定，有下列情形之一的，对直接负责的主管人员和其他直接责任人员依法给予行政处分；造成损失的，依法予以赔偿：

（一）非法披露、提供利用保护期内的地质资料的；

（二）封锁地质资料，限制他人查阅、利用公开的地质资料的；

（三）不按照规定管理地质资料，造成地质资料损毁、散失的。

地质资料利用人损毁、散失地质资料的，依法予以赔偿。

第二十三条　非法披露、提供利用保密的地质资料的，依照保守国家秘密法的规定予以处罚。

第五章　附　则

第二十四条　本条例施行前，汇交人按照规定应当汇交而没有汇交的地质资料，由国务院地质矿产主管部门组织清查后，按照本条例汇交、保管和提供利用。

第二十五条　由国家出资在中华人民共和国领域及管辖的其他海域以外从事地质工作所取得的地质资料的汇交，参照本条例执行。

第二十六条　本条例自 2002 年 7 月 1 日起施行。1988 年 5 月 20 日国务院批准、原地质矿产部发布的《全国地质资料汇交管理办法》同时废止。

附件：

地质资料汇交范围

一、区域地质调查资料，包括：各种比例尺的区域地质调查地质资料。

二、矿产地质资料，包括：矿产勘查和矿山开发勘探及关闭矿井地质资料。

三、石油、天然气、煤层气地质资料，包括：石油、天然气、煤层气资源评价、地质勘查以及开发阶段的地质资料。

四、海洋地质资料，包括：海洋（含远洋）地质矿产调查、地形地貌调查、海底地质调查、水文地质、工程地质、环境地质调查、地球物理、地球化学调查及海洋钻井（完井）地质资料。

五、水文地质、工程地质资料，包括：

（一）区域的或者国土整治、国土规划区的水文地质、工程地质调查地质资料和地下水资源评价、地下水动态监测的地质资料。

（二）大中型城市、重要能源和工业基地、县（旗）以上农田（牧区）的重要供水水源地的地质勘察资料。

（三）地质情况复杂的铁路干线，大中型水库、水坝，大型水电站、火电站、核电站、抽水蓄能电站，重点工程的地下储库、洞（硐）室，主要江河的铁路、公路特大桥，地下铁道、6 公里以上的长隧道，大中型港口码头、通航建筑物工程等国家重要工程建设项目的水文地质、工程地质勘察地质资料。

（四）单独编写的矿区水文地质、工程地质资料，地下热水、矿泉水等专门性水文地质资料以及岩溶地质资料。

（五）重要的小型水文地质、工程地质勘察资料。

六、环境地质、灾害地质资料，包括：

（一）地下水污染区域、地下水人工补给、地下水环境背景值、地方病区等水文地质调查资料。

（二）地面沉降、地面塌陷、地面开裂及滑坡崩塌、泥石流等地质灾害调查资料。

（三）建设工程引起的地质环境变化的专题调查资料，重大工程和经济区的环境地质调查评价资料等。

（四）地质环境监测资料。

（五）地质灾害防治工程勘查资料。

七、地震地质资料，包括：自然地震地质调查、宏观地震考察、地震烈度考察地质资料。

八、物探、化探和遥感地质资料，包括：区域物探、区域化探地质资料；物探、化探普查、详查地质资料；遥感地质资料及与重要经济建设区、重点工程项目和与大中城市的水文、工程、环境地质工作有关的物探、化探地质资料。

九、地质、矿产科学研究成果及综合分析资料，包括：

（一）经国家和省一级成果登记的各类地质、矿产科研成果资料及各种区域性图件。

（二）矿产产地资料汇编、矿产储量表、成矿远景区划、矿产资源总量预测、矿产资源分析以及地质志、矿产志等综合资料。

十、专项研究地质资料，包括：旅游地质、农业地质、天体地质、深部地质、火山地质、第四纪地质、新构造运动、冰川地质、黄土地质、冻土地质以及土壤、沼泽调查、极地地质等地质资料。

附　录

地质资料管理条例实施办法

中华人民共和国国土资源部令
第 16 号

《地质资料管理条例实施办法》，已经 2002 年 12 月 20 日国土资源部第 7 次部务会议通过，现予发布，自 2003 年 3 月 1 日起施行。

国土资源部长

二〇〇三年一月三日

（2003 年 1 月 3 日中华人民共和国国土资源部令第 16 号公布；根据 2016 年 1 月 5 日国土资源部第 1 次部务会议《国土资源部关于修改和废止部分规章的决定》修正）

第一章　总　则

第一条　根据《地质资料管理条例》，制定本办法。

第二条　国土资源部负责全国地质资料的汇交、保管和利用的监督管理，履行下列职责：

（一）依据国家法律、法规和政策，研究制定地质资料管理工作的方针政策、规章制度以及有关技术标准、规范；

（二）管理全国地质资料馆，指导全国地质资料馆藏业务，组织开展地质资料管理业务培训；

（三）制定地质资料管理综合规划和专项计划并组织实施；

（四）监督检查地质资料管理法律、法规的实施，依法查处重大违法案件；

（五）组织建立地质资料信息系统；

（六）组织开展地质资料综合研究和国际交流，协调全国地质资料的交流和利用；

（七）法律、法规规定的其他职责。

第三条 省、自治区、直辖市国土资源行政主管部门负责本行政区内地质资料的汇交、保管和利用的监督管理，履行下列职责：

（一）贯彻执行地质资料管理的法律、法规和方针政策；

（二）管理本省、自治区、直辖市地质资料馆，指导本行政区内地质资料馆藏业务，组织开展地质资料业务培训；

（三）制定本行政区内地质资料管理工作规划和计划并组织实施；

（四）监督检查本行政区内地质资料管理法律、法规的实施，依法查处违法案件；

（五）组织建立本行政区地质资料信息系统；

（六）组织开展本行政区内地质资料综合研究和地质资料的交流；

（七）法律、法规规定的其他职责。

第四条　全国地质资料馆，省、自治区、直辖市国土资源行政主管部门的地质资料馆和地质资料保管单位（以下简称地质资料馆藏机构），依法保存、管理汇交的地质资料，为全社会提供地质资料服务，履行下列职责：

（一）受国土资源行政主管部门的委托，接收、验收汇交的地质资料；

（二）建立健全馆藏地质资料保管、利用制度，按规定整理、保管地质资料；

（三）建立和维护地质资料信息服务系统；

（四）开展地质资料综合研究，依法为社会提供地质资料服务；

（五）法律、法规规定的其他职责。

第五条　有下列行为之一的，由国土资源部或者省、自治区、直辖市国土资源行政主管部门给予奖励：

（一）在地质资料汇交、保管和提供利用方面作出显著成绩的；

（二）在地质资料保护和现代化管理工作中作出突出贡献的；

（三）在地质资料综合研究中有突出贡献的。

第二章　地质资料的汇交

第六条　《地质资料管理条例》第七条第一款规定的地质资料汇交人，在转让探矿权、采矿权后，其汇交义务同时转移，探矿权、采矿权的受让人是地质资料的汇交人。

第七条　《地质资料管理条例》第七条第二款规定的地质工作，包括地质研究、地质考察、地质调查、矿产资源评价、水文地质或者工程地质勘查（察）、环境地质调查、地质灾害勘查等。

前款规定的地质工作是由两个或者两个以上的出资人共同出资开展的，出资各方对地质资料汇交义务负有连带责任。

中外合作开展地质工作的，参与合作项目的中方为地质资料汇交人，外方承担汇交地质资料的连带责任。

第八条 依照《地质资料管理条例》第八条规定应当汇交的成果地质资料和原始地质资料的汇交细目以及实物地质资料的汇交范围，分别依照本办法附件一、附件二和附件三的规定执行。

依法应当汇交的原始地质资料复制件，依法不需汇交的原始地质资料的文件名目录和实物地质资料目录，依照《地质资料管理条例》第九条的规定，随同成果地质资料一并向国土资源部或者省、自治区、直辖市国土资源行政主管部门汇交，由地质资料馆藏机构保管。原始地质资料已作为成果地质资料附图、附表、附件的，该原始地质资料可以免交。

第九条 工作区跨两个或者两个以上省、自治区、直辖市的地质项目，汇交人可以向项目所在地的任何一个省、自治区、直辖市国土资源行政主管部门汇交地质资料。由收到地质资料的国土资源行政主管部门负责将成果地质资料转送有关的省、自治区、直辖市国土资源行政主管部门。

第十条 地质资料汇交人除依照《地质资料管理条例》第十条规定的期限汇交地质资料外，有下列情形之一的，应当按照下列规定的期限汇交地质资料：

（一）探矿权人缩小勘查区块范围的，应当在勘查许可证变更前汇交被放弃区块的地质资料；

（二）探矿权人由勘查转入采矿的，应当在办理采矿许可证前汇交该矿区的地质资料；

（三）探矿权人、采矿权人在勘查许可证或者采矿许可证有效期内提前终止勘查或者采矿活动的，应当在办理勘查许可证或者采矿许可证注销登记手续前汇交地质资料；

（四）工程建设项目分期、分阶段进行竣工验收的，自竣工验收之日起 180 日内汇交地质资料；

（五）其他地质工作项目形成的地质资料，自该地质项目评审验收之日起 180 日内汇交；无需评审验收的，自野外地质工作结束之日起 180 日内汇交。

第十一条　负责接收地质资料的国土资源行政主管部门应当自收到汇交的地质资料之日起 10 日内，依照《地质资料管理条例》以及本办法的有关规定，对汇交人汇交的地质资料进行验收。验收合格的，由负责接收地质资料的国土资源行政主管部门出具地质资料汇交凭证；验收不合格的，退回汇交人补充修改，并限期重新汇交。

第十二条　国土资源部委托全国地质资料馆或者地质资料保管单位承担地质资料的接收、验收工作。

省、自治区、直辖市国土资源行政主管部门可以委托地质资料馆藏机构承担地质资料的接收、验收工作。

第十三条　省、自治区、直辖市国土资源行政主管部门应当在验收合格后 90 日内，将汇交人汇交的成果地质资料（纸质资料和电子文档各一份）转送国土资源部。但下列地质资料不转送：

（一）普通建筑用砂、石、粘土矿产地质资料；

（二）《矿产资源勘查区块登记管理办法》附录以外且资源储量规模为小型的矿产地质资料；

（三）矿山开发勘探及关闭矿井地质资料；

（四）小型建设项目水文地质、工程地质、环境地质及小型灾害地质资料；

（五）省级成果登记的各类地质、矿产科研成果资料。

第十四条 需要向国土资源部转送的成果地质资料，汇交纸质资料及电子文档各两份；其他地质资料汇交纸质资料和电子文档各一份。

工作区跨两个或者两个以上省、自治区、直辖市的地质项目，汇交纸质资料和电子文档的份数与所跨省、自治区、直辖市的数量相同。

中外合作项目如果形成不同文本的地质资料，除了汇交中文文本的地质资料外，还应当汇交其他文本的纸质地质资料、电子文档各一份。

第十五条 汇交的成果地质资料应当符合下列要求：

（一）按照国家有关报告编制标准、要求编写；

（二）地质资料完整、齐全；

（三）制印清晰，着墨牢固；规格、格式符合有关标准、要求；

（四）电子文档的资料内容与相应的纸质资料内容相一致。除符合前款规定的要求外，探矿权人、采矿权人汇交的地质资料，还应当附有勘查许可证、采矿许可证的复印件；经过评审、鉴定、验收的地质资料，还应当附有评审、鉴定、验收的正式文件或者复印件。

第三章　地质资料的保管和利用

第十六条 下列地质资料，国土资源部可以委托有关的地质资料保管单位保管：

（一）放射性矿产地质资料；

（二）石油、天然气原始地质资料和实物地质资料；

（三）极地、海洋原始地质资料和实物地质资料；

（四）其他需要特殊保管和利用条件的原始地质资料和实物地质资料。

第十七条 地质资料馆藏机构应当具备以下条件：

（一）硬件设施达到甲级档案馆的标准；

（二）配备必要的专业人员；

（三）地质资料的接收、整理、保管、保密和利用等管理制度健全；

（四）具备建立地质资料信息系统和提供地质资料社会化网络服务的能力；

（五）地质资料管理经费有保证。

第十八条 地质资料馆藏机构应当利用现代信息处理技术，提高地质资料的处理、保管水平，建立地质资料信息服务网络系统，公布地质资料目录，开展对地质资料的综合研究工作，为政府决策提供依据，为社会提供公益性服务。

第十九条 地质资料馆藏机构应当在每年 12 月底前，向国土资源部或者省、自治区、直辖市国土资源行政主管部门编报本年度地质资料保管和利用年报。

省、自治区、直辖市国土资源行政主管部门应当在每年 1 月底前，向国土资源部编报上一年度本行政区内地质资料管理年报。

年报内容应当包括地质资料汇交、利用和保护情况，馆藏地质资料管理情况以及地质资料管理中存在的主要问题及建议等。

第二十条 单位和个人可以持单位证明、身份证等有效证件，查阅、复制、摘录已公开的地质资料。

复制地质资料的，地质资料馆藏机构可以收取工本费。

第二十一条 单位和个人需要查阅利用保护期内地质资料的，

应当出具汇交人同意的书面证明文件。

第二十二条 国家出资开展地质工作形成的具有公益性质的地质资料，自汇交之日起 90 日内向社会公开，无偿提供全社会利用。

具有公益性质的地质资料的范围，由国土资源部公告。

第四章 法律责任

第二十三条 未依照《地质资料管理条例》以及本办法规定的期限汇交地质资料的，由负责接收地质资料的国土资源行政主管部门发出限期汇交通知书，责令在 60 日内汇交。

第二十四条 汇交的地质资料经验收不合格，汇交人逾期拒不按要求修改补充的，视为不汇交地质资料，由负责接收地质资料的国土资源行政主管部门依照《地质资料管理条例》第二十条的规定给予行政处罚。

第二十五条 依照《地质资料管理条例》和本办法规定应当给予行政处罚，而有关的国土资源行政主管部门不给予行政处罚的，国土资源部有权责令有关的国土资源行政主管部门作出行政处罚决定或者直接给予行政处罚。对有关的国土资源行政主管部门的负责人，按照干部管理权限依法予以行政处分。

第二十六条 省、自治区、直辖市国土资源行政主管部门依照《地质资料管理条例》第二十条、第二十一条的规定给予汇交人行政处罚的，应当在处罚决定生效后 7 个工作日内报国土资源部，由国土资源部及时在报刊或者网站上通报。

第五章 附 则

第二十七条 本办法自 2003 年 3 月 1 日起施行。1989 年 6 月

26 日原地质矿产部第 5 号令发布的《全国地质资料汇交管理办法实施细则》同时废止。

附件：

一、成果地质资料汇交细目

二、原始地质资料汇交细目

三、实物地质资料汇交范围

附件一：

成果地质资料汇交细目

一、区域地质调查资料：各种比例尺的区域地质调查报告及其地质图、矿产图。

二、矿产地质资料

（一）矿产勘查地质资料：各类矿产勘查地质报告、矿产资源储量报告。

（二）矿产开发地质资料：各类矿山生产勘探报告、矿产资源储量报告、矿山闭坑地质报告。

三、石油、天然气、煤层气地质资料：各类物探、化探成果报告，参数井、区域探井、发现井、评价井的完井地质成果报告和试油（气）成果报告，各类综合地质研究报告，各类储量报告。

四、海洋地质资料：海洋（含远洋）地质矿产调查、地形地貌调查、海底地质调查、水文地质、工程地质、环境地质调查、地球物理、地球化学调查及海洋钻井（完井）地质报告。

五、水文地质、工程地质资料：

（一）区域的或国土整治、国土规划区的水文地质、工程地质调查报告和地下水资源评价、地下水动态监测报告。

（二）大中型城市、重要能源和工业基地、港口和县（旗）以上农田（牧区）的重要供水水源地的地质勘察报告。

（三）地质情况复杂的铁路干线，大中型水库、水坝，大型水电站、火电站、核电站、抽水蓄能电站，重点工程的地下储库、洞（硐）室，主要江河的铁路、公路特大桥，地下铁道、六公里以上的长隧道，大中型港口码头、通航建筑物工程等国家重要工程技术设计阶段的水文地质、工程地质勘察报告。

（四）单独编写的矿区水文地质、工程地质报告，地下热水、矿泉水等专门性水文地质报告以及岩溶地质报告。

（五）重要的小型水文地质、工程地质勘察报告。

六、环境地质、灾害地质资料：

（一）地下水污染区域、地下水人工补给、地下水环境背景值、地方病区等水文地质调查报告。

（二）地面沉降、地面塌陷、地面开裂及滑坡崩塌、泥石流等地质灾害调查报告。

（三）建设工程引起的地质环境变化的专题调查报告，重大工程和经济区的环境地质调查评价报告等。

（四）地质环境监测报告。

（五）地质灾害防治工程勘查报告。

七、地震地质工作：地震地质调查报告，地震地质考察报告，地震地质研究报告。

八、物探、化探地质资料：区域物探、区域化探调查报告；物探、化探普查、详查报告；遥感地质报告及与重要经济建设区、重点工程项目和与大中城市的水文、工程、环境地质工作有关的物探、化探报告。

九、地质、矿产科学研究及综合分析资料：

（一）经国家和省一级成果登记的各类地质、矿产科研成果报告及各种区域性图件。

（二）矿产产地资料汇编、矿产储量表、成矿远景区划、矿产资源总量预测、矿产资源分析以及地质志、矿产志等综合资料。

十、其他地质资料，包括：旅游地质、农业地质、天体地质、深部地质、火山地质、极地地质、第四纪地质、新构造运动、冰川地质、黄土地质、冻土地质以及土壤、沼泽调查等地质报告。

附件二：

原始地质资料汇交细目

一、区域地质调查资料：各种原始测试数据、鉴定结果、测量结果数据汇总表（含数据库），实际材料图，主干剖面实测和修测剖面图，物化探、重砂成果图。

二、矿产资料

（一）矿产勘查地质资料：工程布置图、钻孔柱状图，重要槽探、坑探、井探图，各种岩矿测试、分析数据汇总表（或数据库），各类测量结果数据汇总表，有关物探、化探原始地质资料。

（二）矿产开发地质资料：各中段采空区平面图、剖面图，探采对比资料，各类测量结果数据汇总表。

三、石油、天然气、煤层气地质资料：工程布置图、实际材料图，各类物探、化探原始数据体、成果数据体，参数井、区域探井、发现井、评价井的录井、测井、分析化验原始数据汇总表。

四、海洋地质资料：各类工程布置图，实际材料图和实测资料，各类野外原始记录，各类原始测试分析数据、各类测量结果数据汇总表，有关的物探、化探、遥感原始资料。

五、水文地质资料：各类工程布置平面图，所有钻孔柱状图，各类试验、测试、监测原始数据、测量结果数据汇总表，有关物探、化探原始资料。工程地质资料：软土地区钻进基岩钻孔柱状图、不良地质工点控制性钻孔柱状图、深度超过 30 米的钻孔柱状图，实际材料图，各类工程布置图。

六、环境地质、灾害地质资料：各类工程布置图、实际材料图、钻孔综合成果图，各种调查、测试、监测原始数据及测量结果数据汇总表。

七、物探、化探地质资料：各类测量、分析测试原始数据汇总表，实际材料图。

八、地质科研等其他地质资料：实际材料图、重要的原始测试、分析数据、样品位置的空间数据汇总表。

附件三：

实物地质资料汇交范围

一、科学钻探、大洋调查、极地考察、航天考察所取得的实物地质资料；

二、对我国或者各省、自治区、直辖市具代表性、典型性的反映区域地质现象的实物地质资料。包括反映具有国际性、全国性对比意义的地质剖面，重要古生物化石、地层、构造、岩石等实物资料；

三、反映我国或者各省、自治区、直辖市重要特殊地质现象的实物地质资料；

四、对我国或者各省、自治区、直辖市具有典型性的重要矿床实物地质资料；

五、石油、天然气、煤层气勘查项目的参数井、区域探井、发现井、评价井的实物地质资料；

六、区域地球化学调查副样。

地质环境监测管理办法

中华人民共和国国土资源部令

第 59 号

　　《地质环境监测管理办法》已经 2014 年 4 月 10 日国土资源部第 2 次部务会议通过，现予以发布，自 2014 年 7 月 1 日起施行。

国土资源部部长
2014 年 4 月 29 日

　　第一条　为了加强地质环境监测管理，规范地质环境监测行为，保护人民生命和财产安全，根据《中华人民共和国矿产资源法》、《地质灾害防治条例》等有关法律法规，制定本办法。

　　第二条　本办法所称地质环境监测，是指对自然地质环境或者工程建设影响的地质环境及其变化，进行定期观察测量、采样测试、记录计算、分析评价和预警预报的活动。

　　第三条　下列地质环境监测活动及其监督管理适用本办法：

　　（一）地质灾害监测；

　　（二）地下水地质环境监测；

　　（三）矿山地质环境监测；

　　（四）地质遗迹监测；

　　（五）其他相关地质环境监测。

　　第四条　地质环境监测坚持政府主导、分级负责、科学规划、群专结合的原则。

第五条 自然地质环境监测由县级以上人民政府国土资源主管部门负责组织实施；工程建设影响的地质环境监测由相关责任单位负责组织实施。

第六条 国土资源部负责全国地质环境监测管理工作。

县级以上地方人民政府国土资源主管部门负责本行政区域内的地质环境监测管理工作。

第七条 县级以上人民政府国土资源主管部门应当将地质环境监测网络建设、运行、维护等所需经费纳入年度预算，保障地质环境监测工作的顺利开展。

第八条 国家鼓励和支持地质环境监测科学研究、技术创新与国际合作。

对在地质环境监测工作中作出突出贡献的单位和个人，由县级以上人民政府国土资源主管部门给予奖励。

第九条 县级以上人民政府国土资源主管部门应当编制地质环境监测规划。

国土资源部负责组织编制全国地质环境监测规划。

县级以上地方人民政府国土资源主管部门依据上级地质环境监测规划，结合本地区实际，组织编制本行政区域内的地质环境监测规划，并报同级人民政府和上一级人民政府国土资源主管部门备案。

第十条 地质环境监测规划应当包括地质环境监测现状、需求分析、规划目标、规划原则、监测网络布局、重点监测工程、经费预算和规划实施的保障措施等内容。

第十一条 地质环境监测规划应当符合国民经济和社会发展规划，并与其他相关规划相互衔接。

第十二条 国土资源部所属地质环境监测机构，承担国家地质环境监测工作，统筹规划和组织建设全国地质环境监测网络，开展全国地质环境状况分析评价和预警预报，对全国地质环境监测工作进行技术指导。

县级以上地方人民政府国土资源主管部门所属地质环境监测机构，承担本行政区域内的地质环境监测工作，并接受上级人民政府国土资源主管部门所属地质环境监测机构的技术指导。

第十三条 地质环境监测机构应当具备与其所承担的地质环境监测工作相适应的能力和条件，达到国土资源部制定的地质环境监测机构建设标准。

各级国土资源主管部门应当对从事地质环境监测活动的技术人员进行岗位培训。

第十四条 地质环境监测机构及其工作人员从事地质环境监测活动应当遵守国家和行业有关地质环境监测技术规范。

国土资源部负责制定国家和行业有关地质环境监测技术规范。

省、自治区、直辖市人民政府国土资源主管部门可以根据本地区实际，依据国家和行业有关地质环境监测技术规范，制定本行政区域内的地质环境监测技术规范。

第十五条 因工程建设活动对地质环境造成影响的，相关责任单位应当委托具备能力的地质环境监测机构开展相应的地质环境监测工作。

第十六条 地质环境监测网络由地质环境监测点、地质环境监测站和地质环境监测信息系统组成。

县级以上人民政府国土资源主管部门应当依据地质环境监测规划和技术规范组织建设地质环境监测网络。

第十七条　地质环境监测点是获取地质环境监测数据的工作位置。

地质环境监测点的设置，应当依据地质环境监测规划，充分考虑地质环境条件和经济社会发展需求。

第十八条　地质环境监测站是为获取地质环境监测数据，在地质环境监测点建立的配置基础设施和相关设备的场所。

地质环境监测站的建设、运行和维护，应当符合布局合理、技术先进、运行稳定、维护方便、经济适用的要求。

地质环境监测站建设、运行和维护的标准由国土资源部制定。

第十九条　地质环境监测信息系统是由信息网络与数据处理设施、设备等组成，实现地质环境监测数据采集、传输、管理现代化功能的综合系统。

地质环境监测信息系统的建设、运行和维护，应当符合数据准确、传输及时、存储安全、管理高效、保障有力的要求。

地质环境监测信息系统建设、运行和维护的标准由国土资源部制定。

第二十条　国家保护地质环境监测设施。县级以上地方人民政府国土资源主管部门负责本行政区域内的地质环境监测设施保护工作。

地质环境监测设施应当按照国土资源部要求统一标识。

负责运行维护的地质环境监测机构对地质环境监测设施进行登记、造册，并及时将运行维护情况报送设施所在地的县级人民政府国土资源主管部门备案。

任何单位和个人不得侵占、损坏或者擅自移动地质环境监测设施，不得妨碍地质环境监测设施的正常使用。

第二十一条　地质环境监测设施损坏的，负责运行维护的地质环境监测机构或者相关责任单位应当及时维修，确保其正常运行。

第二十二条 因工程建设等原因确需拆除或者移动地质环境监测设施的，工程建设单位应当在项目可行性研究阶段向项目所在地的县级人民政府国土资源主管部门提出申请，由项目所在地的县级人民政府国土资源主管部门征得组织建设地质环境监测设施的国土资源主管部门同意后，进行拆除或者移动地质环境监测设施。

拆除或者移动地质环境监测设施的费用由工程建设单位承担。

第二十三条 县级以上人民政府国土资源主管部门应当建立地质环境监测信息发布制度，统一发布本行政区域内的地质环境监测信息，及时公布地质环境预警预报信息。

县级以上人民政府国土资源主管部门在公开地质环境监测信息前，应当依照《中华人民共和国保守国家秘密法》、《中华人民共和国政府信息公开条例》等法律法规和国家有关规定对拟公开的地质环境监测信息进行审查。

第二十四条 县级以上人民政府国土资源主管部门应当建立地质环境预警预报制度。

地质环境监测机构发现地质环境显著变化或者监测数据异常的，应当分析原因和可能产生的影响，及时向监测区所在地的县级人民政府国土资源主管部门报告。县级人民政府国土资源主管部门接到报告后，应当立即组织应急调查，向同级人民政府提出采取相关措施的建议；依照有关规定发布地质环境预警预报信息，并报告上级人民政府国土资源主管部门。

第二十五条 地质环境监测机构依据本办法取得的地质环境监测资料，应当依照《地质资料管理条例》等有关规定报送监测区所在地的县级地方人民政府国土资源主管部门，并由其逐级报送国土资源部。

县级以上人民政府国土资源主管部门负责对地质环境监测资料进行汇总和分析。

地质环境监测机构应当对地质环境监测数据的真实性和准确性负责。

第二十六条　国家鼓励地质环境监测机构对取得的地质环境监测资料进行加工处理和应用性开发。

因政府决策、防灾减灾或者公共安全等公共利益需要，政府及其有关主管部门可以无偿使用地质环境监测资料。

第二十七条　县级以上人民政府国土资源主管部门应当建立地质环境监测监督检查制度，负责对地质环境监测规划编制和实施、地质环境监测机构能力建设、地质环境监测设施保护和地质环境监测工作质量等有关情况进行监督检查。

第二十八条　县级以上人民政府国土资源主管部门及其工作人员违反本办法规定，给国家和人民生命财产造成损失，有下列情形之一的，对直接负责的主管人员和其他直接责任人员依法给予处分：

（一）未依照本办法的规定编制和实施地质环境监测规划的；

（二）未依照本办法的规定组织建设地质环境监测网络的；

（三）未依照本办法的规定对从事地质环境监测活动的技术人员进行岗位培训的；

（四）未依照本办法的规定及时组织地质环境应急调查或者公布地质环境预警预报信息的；

（五）其他不依法履行地质环境监测管理职责的行为。

第二十九条　地质环境监测机构及其工作人员有下列行为之

一的，由县级以上人民政府国土资源主管部门责令限期改正；逾期不改正的，对直接负责的主管人员和直接责任人员依法给予处分：

（一）未达到本办法规定的地质环境监测机构建设标准从事地质环境监测活动的；

（二）未依照国家和行业有关地质环境监测技术规范从事地质环境监测活动的；

（三）伪造、篡改地质环境监测数据和资料的；

（四）发现地质环境监测数据出现异常或者显著变化，未及时报告地质环境预警信息的；

（五）违反本办法规定擅自公开地质环境监测信息的；

（六）未依照本办法规定报送地质环境监测资料的；

（七）其他违反本办法规定从事地质环境监测活动的。

第三十条 因工程建设活动对地质环境造成影响的，相关责任单位未依照本办法的规定履行地质环境监测义务的，由县级以上人民政府国土资源主管部门责令限期改正，并依法处以罚款。

第三十一条 单位或者个人违反本办法规定，侵占、损坏或者擅自移动地质环境监测设施的，由县级以上人民政府国土资源主管部门责令限期改正，并依法处以罚款；情节严重，尚未构成犯罪的，由公安机关依照《中华人民共和国治安管理处罚法》等有关规定予以处罚；情节特别严重，构成犯罪的，依法追究刑事责任。

第三十二条 非法披露、提供和使用应当保密的地质环境监测信息的，依照《中华人民共和国保守国家秘密法》等法律法规的有关规定予以处罚。

第三十三条 本办法自 2014 年 7 月 1 日起施行。

中华人民共和国测绘法

中华人民共和国主席令

第六十七号

《中华人民共和国测绘法》已由中华人民共和国第十二届全国人民代表大会常务委员会第二十七次会议于2017年4月27日修订通过，现将修订后的《中华人民共和国测绘法》公布，自2017年7月1日起施行。

中华人民共和国主席 习近平

2017年4月27日

（1992年12月28日第七届全国人民代表大会常务委员会第二十九次会议通过；2002年8月29日第九届全国人民代表大会常务委员会第二十九次会议第一次修订；2017年4月27日第十二届全国人民代表大会常务委员会第二十七次会议第二次修订）

第一章　总　则

第一条　为了加强测绘管理，促进测绘事业发展，保障测绘事业为经济建设、国防建设、社会发展和生态保护服务，维护国家地理信息安全，制定本法。

第二条　在中华人民共和国领域和中华人民共和国管辖的其他海域从事测绘活动，应当遵守本法。

本法所称测绘，是指对自然地理要素或者地表人工设施的形状、大小、空间位置及其属性等进行测定、采集、表述，以及对获取的数据、信息、成果进行处理和提供的活动。

第三条　测绘事业是经济建设、国防建设、社会发展的基础性事业。各级人民政府应当加强对测绘工作的领导。

第四条　国务院测绘地理信息主管部门负责全国测绘工作的统一监督管理。国务院其他有关部门按照国务院规定的职责分工，负责本部门有关的测绘工作。

县级以上地方人民政府测绘地理信息主管部门负责本行政区域测绘工作的统一监督管理。县级以上地方人民政府其他有关部门按照本级人民政府规定的职责分工，负责本部门有关的测绘工作。

军队测绘部门负责管理军事部门的测绘工作，并按照国务院、中央军事委员会规定的职责分工负责管理海洋基础测绘工作。

第五条　从事测绘活动，应当使用国家规定的测绘基准和测绘系统，执行国家规定的测绘技术规范和标准。

第六条　国家鼓励测绘科学技术的创新和进步，采用先进的技术和设备，提高测绘水平，推动军民融合，促进测绘成果的应用。国家加强测绘科学技术的国际交流与合作。

对在测绘科学技术的创新和进步中做出重要贡献的单位和个人，按照国家有关规定给予奖励。

第七条 各级人民政府和有关部门应当加强对国家版图意识的宣传教育，增强公民的国家版图意识。新闻媒体应当开展国家版图意识的宣传。教育行政部门、学校应当将国家版图意识教育纳入中小学教学内容，加强爱国主义教育。

第八条 外国的组织或者个人在中华人民共和国领域和中华人民共和国管辖的其他海域从事测绘活动，应当经国务院测绘地理信息主管部门会同军队测绘部门批准，并遵守中华人民共和国有关法律、行政法规的规定。

外国的组织或者个人在中华人民共和国领域从事测绘活动，应当与中华人民共和国有关部门或者单位合作进行，并不得涉及国家秘密和危害国家安全。

第二章　测绘基准和测绘系统

第九条 国家设立和采用全国统一的大地基准、高程基准、深度基准和重力基准，其数据由国务院测绘地理信息主管部门审核，并与国务院其他有关部门、军队测绘部门会商后，报国务院批准。

第十条 国家建立全国统一的大地坐标系统、平面坐标系统、高程系统、地心坐标系统和重力测量系统，确定国家大地测量等级和精度以及国家基本比例尺地图的系列和基本精度。具体规范和要求由国务院测绘地理信息主管部门会同国务院其他有关部门、军队测绘部门制定。

第十一条 因建设、城市规划和科学研究的需要，国家重大工程项目和国务院确定的大城市确需建立相对独立的平面坐标系统的，由国务院测绘地理信息主管部门批准；其他确需建立相对独立的平面坐标系统的，由省、自治区、直辖市人民政府测绘地理信息主管部门批准。

建立相对独立的平面坐标系统，应当与国家坐标系统相联系。

第十二条 国务院测绘地理信息主管部门和省、自治区、直辖市人民政府测绘地理信息主管部门应当会同本级人民政府其他有关部门，按照统筹建设、资源共享的原则，建立统一的卫星导航定位基准服务系统，提供导航定位基准信息公共服务。

第十三条 建设卫星导航定位基准站的，建设单位应当按照国家有关规定报国务院测绘地理信息主管部门或者省、自治区、直辖市人民政府测绘地理信息主管部门备案。国务院测绘地理信息主管部门应当汇总全国卫星导航定位基准站建设备案情况，并定期向军队测绘部门通报。

本法所称卫星导航定位基准站，是指对卫星导航信号进行长期连续观测，并通过通信设施将观测数据实时或者定时传送至数据中心的地面固定观测站。

第十四条 卫星导航定位基准站的建设和运行维护应当符合国家标准和要求，不得危害国家安全。

卫星导航定位基准站的建设和运行维护单位应当建立数据安全保障制度，并遵守保密法律、行政法规的规定。

县级以上人民政府测绘地理信息主管部门应当会同本级人民政府其他有关部门，加强对卫星导航定位基准站建设和运行维护的规范和指导。

第三章　基础测绘

　　第十五条　基础测绘是公益性事业。国家对基础测绘实行分级管理。

　　本法所称基础测绘，是指建立全国统一的测绘基准和测绘系统，进行基础航空摄影，获取基础地理信息的遥感资料，测制和更新国家基本比例尺地图、影像图和数字化产品，建立、更新基础地理信息系统。

　　第十六条　国务院测绘地理信息主管部门会同国务院其他有关部门、军队测绘部门组织编制全国基础测绘规划，报国务院批准后组织实施。

　　县级以上地方人民政府测绘地理信息主管部门会同本级人民政府其他有关部门，根据国家和上一级人民政府的基础测绘规划及本行政区域的实际情况，组织编制本行政区域的基础测绘规划，报本级人民政府批准后组织实施。

　　第十七条　军队测绘部门负责编制军事测绘规划，按照国务院、中央军事委员会规定的职责分工负责编制海洋基础测绘规划，并组织实施。

　　第十八条　县级以上人民政府应当将基础测绘纳入本级国民经济和社会发展年度计划，将基础测绘工作所需经费列入本级政府预算。

　　国务院发展改革部门会同国务院测绘地理信息主管部门，根据全国基础测绘规划编制全国基础测绘年度计划。

　　县级以上地方人民政府发展改革部门会同本级人民政府测绘地理信息主管部门，根据本行政区域的基础测绘规划编制本行政区域的基础测绘年度计划，并分别报上一级部门备案。

第十九条　基础测绘成果应当定期更新，经济建设、国防建设、社会发展和生态保护急需的基础测绘成果应当及时更新。

基础测绘成果的更新周期根据不同地区国民经济和社会发展的需要确定。

第四章　界线测绘和其他测绘

第二十条　中华人民共和国国界线的测绘，按照中华人民共和国与相邻国家缔结的边界条约或者协定执行，由外交部组织实施。中华人民共和国地图的国界线标准样图，由外交部和国务院测绘地理信息主管部门拟定，报国务院批准后公布。

第二十一条　行政区域界线的测绘，按照国务院有关规定执行。省、自治区、直辖市和自治州、县、自治县、市行政区域界线的标准画法图，由国务院民政部门和国务院测绘地理信息主管部门拟定，报国务院批准后公布。

第二十二条　县级以上人民政府测绘地理信息主管部门应当会同本级人民政府不动产登记主管部门，加强对不动产测绘的管理。

测量土地、建筑物、构筑物和地面其他附着物的权属界址线，应当按照县级以上人民政府确定的权属界线的界址点、界址线或者提供的有关登记资料和附图进行。权属界址线发生变化的，有关当事人应当及时进行变更测绘。

第二十三条　城乡建设领域的工程测量活动，与房屋产权、产籍相关的房屋面积的测量，应当执行由国务院住房城乡建设主管部门、国务院测绘地理信息主管部门组织编制的测量技术规范。

水利、能源、交通、通信、资源开发和其他领域的工程测量活动，应当执行国家有关的工程测量技术规范。

第二十四条 建立地理信息系统，应当采用符合国家标准的基础地理信息数据。

第二十五条 县级以上人民政府测绘地理信息主管部门应当根据突发事件应对工作需要，及时提供地图、基础地理信息数据等测绘成果，做好遥感监测、导航定位等应急测绘保障工作。

第二十六条 县级以上人民政府测绘地理信息主管部门应当会同本级人民政府其他有关部门依法开展地理国情监测，并按照国家有关规定严格管理、规范使用地理国情监测成果。

各级人民政府应当采取有效措施，发挥地理国情监测成果在政府决策、经济社会发展和社会公众服务中的作用。

第五章 测绘资质资格

第二十七条 国家对从事测绘活动的单位实行测绘资质管理制度。

从事测绘活动的单位应当具备下列条件，并依法取得相应等级的测绘资质证书，方可从事测绘活动：

（一）有法人资格；

（二）有与从事的测绘活动相适应的专业技术人员；

（三）有与从事的测绘活动相适应的技术装备和设施；

（四）有健全的技术和质量保证体系、安全保障措施、信息安全保密管理制度以及测绘成果和资料档案管理制度。

第二十八条 国务院测绘地理信息主管部门和省、自治区、直辖市人民政府测绘地理信息主管部门按照各自的职责负责测绘资质审查、发放测绘资质证书。具体办法由国务院测绘地理信息主管部门商国务院其他有关部门规定。

军队测绘部门负责军事测绘单位的测绘资质审查。

第二十九条 测绘单位不得超越资质等级许可的范围从事测绘活动，不得以其他测绘单位的名义从事测绘活动，不得允许其他单位以本单位的名义从事测绘活动。

测绘项目实行招投标的，测绘项目的招标单位应当依法在招标公告或者投标邀请书中对测绘单位资质等级作出要求，不得让不具有相应测绘资质等级的单位中标，不得让测绘单位低于测绘成本中标。

中标的测绘单位不得向他人转让测绘项目。

第三十条 从事测绘活动的专业技术人员应当具备相应的执业资格条件。具体办法由国务院测绘地理信息主管部门会同国务院人力资源社会保障主管部门规定。

第三十一条 测绘人员进行测绘活动时，应当持有测绘作业证件。

任何单位和个人不得阻碍测绘人员依法进行测绘活动。

第三十二条 测绘单位的测绘资质证书、测绘专业技术人员的执业证书和测绘人员的测绘作业证件的式样，由国务院测绘地理信息主管部门统一规定。

第六章 测绘成果

第三十三条 国家实行测绘成果汇交制度。国家依法保护测绘成果的知识产权。

测绘项目完成后，测绘项目出资人或者承担国家投资的测绘项目的单位，应当向国务院测绘地理信息主管部门或者省、自治区、直辖市人民政府测绘地理信息主管部门汇交测绘成果资料。属于基础测绘项目的，应当汇交测绘成果副本；属于非基础测绘项目的，应当汇交测绘成果目录。负责接收测绘成果副本和目录的测绘地理信息主管部门应当出具测绘成果汇交凭证，并及时将测绘成果副本和目录移交给保管单位。测绘成果汇交的具体办法由国务院规定。

国务院测绘地理信息主管部门和省、自治区、直辖市人民政府测绘地理信息主管部门应当及时编制测绘成果目录，并向社会公布。

第三十四条　县级以上人民政府测绘地理信息主管部门应当积极推进公众版测绘成果的加工和编制工作，通过提供公众版测绘成果、保密技术处理等方式，促进测绘成果的社会化应用。

测绘成果保管单位应当采取措施保障测绘成果的完整和安全，并按照国家有关规定向社会公开和提供利用。

测绘成果属于国家秘密的，适用保密法律、行政法规的规定；需要对外提供的，按照国务院和中央军事委员会规定的审批程序执行。

测绘成果的秘密范围和秘密等级，应当依照保密法律、行政法规的规定，按照保障国家秘密安全、促进地理信息共享和应用的原则确定并及时调整、公布。

第三十五条　使用财政资金的测绘项目和涉及测绘的其他使用财政资金的项目，有关部门在批准立项前应当征求本级人民政府测绘地理信息主管部门的意见；有适宜测绘成果的，应当充分利用已有的测绘成果，避免重复测绘。

第三十六条　基础测绘成果和国家投资完成的其他测绘成果，

用于政府决策、国防建设和公共服务的，应当无偿提供。

除前款规定情形外，测绘成果依法实行有偿使用制度。但是，各级人民政府及有关部门和军队因防灾减灾、应对突发事件、维护国家安全等公共利益的需要，可以无偿使用。

测绘成果使用的具体办法由国务院规定。

第三十七条 中华人民共和国领域和中华人民共和国管辖的其他海域的位置、高程、深度、面积、长度等重要地理信息数据，由国务院测绘地理信息主管部门审核，并与国务院其他有关部门、军队测绘部门会商后，报国务院批准，由国务院或者国务院授权的部门公布。

第三十八条 地图的编制、出版、展示、登载及更新应当遵守国家有关地图编制标准、地图内容表示、地图审核的规定。

互联网地图服务提供者应当使用经依法审核批准的地图，建立地图数据安全管理制度，采取安全保障措施，加强对互联网地图新增内容的核校，提高服务质量。

县级以上人民政府和测绘地理信息主管部门、网信部门等有关部门应当加强对地图编制、出版、展示、登载和互联网地图服务的监督管理，保证地图质量，维护国家主权、安全和利益。

地图管理的具体办法由国务院规定。

第三十九条 测绘单位应当对完成的测绘成果质量负责。县级以上人民政府测绘地理信息主管部门应当加强对测绘成果质量的监督管理。

第四十条 国家鼓励发展地理信息产业，推动地理信息产业结构调整和优化升级，支持开发各类地理信息产品，提高产品质量，推广使用安全可信的地理信息技术和设备。

县级以上人民政府应当建立健全政府部门间地理信息资源共

建共享机制，引导和支持企业提供地理信息社会化服务，促进地理信息广泛应用。

县级以上人民政府测绘地理信息主管部门应当及时获取、处理、更新基础地理信息数据，通过地理信息公共服务平台向社会提供地理信息公共服务，实现地理信息数据开放共享。

第七章　测量标志保护

第四十一条　任何单位和个人不得损毁或者擅自移动永久性测量标志和正在使用中的临时性测量标志，不得侵占永久性测量标志用地，不得在永久性测量标志安全控制范围内从事危害测量标志安全和使用效能的活动。

本法所称永久性测量标志，是指各等级的三角点、基线点、导线点、军用控制点、重力点、天文点、水准点和卫星定位点的觇标和标石标志，以及用于地形测图、工程测量和形变测量的固定标志和海底大地点设施。

第四十二条　永久性测量标志的建设单位应当对永久性测量标志设立明显标记，并委托当地有关单位指派专人负责保管。

第四十三条　进行工程建设，应当避开永久性测量标志；确实无法避开，需要拆迁永久性测量标志或者使永久性测量标志失去使用效能的，应当经省、自治区、直辖市人民政府测绘地理信息主管部门批准；涉及军用控制点的，应当征得军队测绘部门的同意。所需迁建费用由工程建设单位承担。

第四十四条　测绘人员使用永久性测量标志，应当持有测绘作业证件，并保证测量标志的完好。

保管测量标志的人员应当查验测量标志使用后的完好状况。

第四十五条　县级以上人民政府应当采取有效措施加强测量标志的保护工作。

县级以上人民政府测绘地理信息主管部门应当按照规定检查、维护永久性测量标志。

乡级人民政府应当做好本行政区域内的测量标志保护工作。

第八章　监督管理

第四十六条　县级以上人民政府测绘地理信息主管部门应当会同本级人民政府其他有关部门建立地理信息安全管理制度和技术防控体系，并加强对地理信息安全的监督管理。

第四十七条　地理信息生产、保管、利用单位应当对属于国家秘密的地理信息的获取、持有、提供、利用情况进行登记并长期保存，实行可追溯管理。

从事测绘活动涉及获取、持有、提供、利用属于国家秘密的地理信息，应当遵守保密法律、行政法规和国家有关规定。

地理信息生产、利用单位和互联网地图服务提供者收集、使用用户个人信息的，应当遵守法律、行政法规关于个人信息保护的规定。

第四十八条　县级以上人民政府测绘地理信息主管部门应当对测绘单位实行信用管理，并依法将其信用信息予以公示。

第四十九条　县级以上人民政府测绘地理信息主管部门应当建立健全随机抽查机制，依法履行监督检查职责，发现涉嫌违反本法规定行为的，可以依法采取下列措施：

（一）查阅、复制有关合同、票据、账簿、登记台账以及其他有关文件、资料；

（二）查封、扣押与涉嫌违法测绘行为直接相关的设备、工具、原材料、测绘成果资料等。

被检查的单位和个人应当配合，如实提供有关文件、资料，不得隐瞒、拒绝和阻碍。

任何单位和个人对违反本法规定的行为，有权向县级以上人民政府测绘地理信息主管部门举报。接到举报的测绘地理信息主管部门应当及时依法处理。

第九章　法律责任

第五十条　违反本法规定，县级以上人民政府测绘地理信息主管部门或者其他有关部门工作人员利用职务上的便利收受他人财物、其他好处或者玩忽职守，对不符合法定条件的单位核发测绘资质证书，不依法履行监督管理职责，或者发现违法行为不予查处的，对负有责任的领导人员和直接责任人员，依法给予处分；构成犯罪的，依法追究刑事责任。

第五十一条　违反本法规定，外国的组织或者个人未经批准，或者未与中华人民共和国有关部门、单位合作，擅自从事测绘活动的，责令停止违法行为，没收违法所得、测绘成果和测绘工具，并处十万元以上五十万元以下的罚款；情节严重的，并处五十万元以上一百万元以下的罚款，限期出境或者驱逐出境；构成犯罪的，依法追究刑事责任。

第五十二条　违反本法规定，未经批准擅自建立相对独立的平面坐标系统，或者采用不符合国家标准的基础地理信息数据建立地理信息系统的，给予警告，责令改正，可以并处五十万元以下的罚款；对直接负责的主管人员和其他直接责任人员，依法给予处分。

第五十三条 违反本法规定，卫星导航定位基准站建设单位未报备案的，给予警告，责令限期改正；逾期不改正的，处十万元以上三十万元以下的罚款；对直接负责的主管人员和其他直接责任人员，依法给予处分。

第五十四条 违反本法规定，卫星导航定位基准站的建设和运行维护不符合国家标准、要求的，给予警告，责令限期改正，没收违法所得和测绘成果，并处三十万元以上五十万元以下的罚款；逾期不改正的，没收相关设备；对直接负责的主管人员和其他直接责任人员，依法给予处分；构成犯罪的，依法追究刑事责任。

第五十五条 违反本法规定，未取得测绘资质证书，擅自从事测绘活动的，责令停止违法行为，没收违法所得和测绘成果，并处测绘约定报酬一倍以上二倍以下的罚款；情节严重的，没收测绘工具。

以欺骗手段取得测绘资质证书从事测绘活动的，吊销测绘资质证书，没收违法所得和测绘成果，并处测绘约定报酬一倍以上二倍以下的罚款；情节严重的，没收测绘工具。

第五十六条 违反本法规定，测绘单位有下列行为之一的，责令停止违法行为，没收违法所得和测绘成果，处测绘约定报酬一倍以上二倍以下的罚款，并可以责令停业整顿或者降低测绘资质等级；情节严重的，吊销测绘资质证书：

（一）超越资质等级许可的范围从事测绘活动；

（二）以其他测绘单位的名义从事测绘活动；

（三）允许其他单位以本单位的名义从事测绘活动。

第五十七条 违反本法规定，测绘项目的招标单位让不具有相应资质等级的测绘单位中标，或者让测绘单位低于测绘成本中标的，责令改正，可以处测绘约定报酬二倍以下的罚款。招标单位的工作人员利用职务上的便利，索取他人财物，或者非法收受他人财物为他人谋取利益的，依法给予处分；构成犯罪的，依法追究刑事责任。

第五十八条　违反本法规定，中标的测绘单位向他人转让测绘项目的，责令改正，没收违法所得，处测绘约定报酬一倍以上二倍以下的罚款，并可以责令停业整顿或者降低测绘资质等级；情节严重的，吊销测绘资质证书。

第五十九条　违反本法规定，未取得测绘执业资格，擅自从事测绘活动的，责令停止违法行为，没收违法所得和测绘成果，对其所在单位可以处违法所得二倍以下的罚款；情节严重的，没收测绘工具；造成损失的，依法承担赔偿责任。

第六十条　违反本法规定，不汇交测绘成果资料的，责令限期汇交；测绘项目出资人逾期不汇交的，处重测所需费用一倍以上二倍以下的罚款；承担国家投资的测绘项目的单位逾期不汇交的，处五万元以上二十万元以下的罚款，并处暂扣测绘资质证书，自暂扣测绘资质证书之日起六个月内仍不汇交的，吊销测绘资质证书；对直接负责的主管人员和其他直接责任人员，依法给予处分。

第六十一条　违反本法规定，擅自发布中华人民共和国领域和中华人民共和国管辖的其他海域的重要地理信息数据的，给予警告，责令改正，可以并处五十万元以下的罚款；对直接负责的主管人员和其他直接责任人员，依法给予处分；构成犯罪的，依法追究刑事责任。

第六十二条　违反本法规定，编制、出版、展示、登载、更新的地图或者互联网地图服务不符合国家有关地图管理规定的，依法给予行政处罚、处分；构成犯罪的，依法追究刑事责任。

第六十三条　违反本法规定，测绘成果质量不合格的，责令测绘单位补测或者重测；情节严重的，责令停业整顿，并处降低测绘资质等级或者吊销测绘资质证书；造成损失的，依法承担赔偿责任。

第六十四条　违反本法规定，有下列行为之一的，给予警告，责令改正，可以并处二十万元以下的罚款；对直接负责的主管人员和其他直接责任人员，依法给予处分；造成损失的，依法承担赔偿责任；构成犯罪的，依法追究刑事责任：

（一）损毁、擅自移动永久性测量标志或者正在使用中的临时性测量标志；

（二）侵占永久性测量标志用地；

（三）在永久性测量标志安全控制范围内从事危害测量标志安全和使用效能的活动；

（四）擅自拆迁永久性测量标志或者使永久性测量标志失去使用效能，或者拒绝支付迁建费用；

（五）违反操作规程使用永久性测量标志，造成永久性测量标志毁损。

第六十五条　违反本法规定，地理信息生产、保管、利用单位未对属于国家秘密的地理信息的获取、持有、提供、利用情况进行登记、长期保存的，给予警告，责令改正，可以并处二十万元以下的罚款；泄露国家秘密的，责令停业整顿，并处降低测绘资质等级或者吊销测绘资质证书；构成犯罪的，依法追究刑事责任。

违反本法规定，获取、持有、提供、利用属于国家秘密的地理信息的，给予警告，责令停止违法行为，没收违法所得，可以并处违法所得二倍以下的罚款；对直接负责的主管人员和其他直接责任人员，依法给予处分；造成损失的，依法承担赔偿责任；构成犯罪的，依法追究刑事责任。

第六十六条 本法规定的降低测绘资质等级、暂扣测绘资质证书、吊销测绘资质证书的行政处罚，由颁发测绘资质证书的部门决定；其他行政处罚，由县级以上人民政府测绘地理信息主管部门决定。

本法第五十一条规定的限期出境和驱逐出境由公安机关依法决定并执行。

第十章　附　则

第六十七条 军事测绘管理办法由中央军事委员会根据本法规定。

第六十八条 本法自 2017 年 7 月 1 日起施行。

附　录

测绘行政处罚程序规定

中华人民共和国国土资源部令
第 50 号

《国土资源部关于修改〈测绘行政处罚程序规定〉的决定》，已经 2010 年 11 月 29 日国土资源部第 6 次部务会议审议通过，现予发布，自发布之日起施行。

国土资源部部长

二〇一〇年十一月三十日

（2000 年 1 月 4 日国家测绘局令第 6 号发布；根据 2010 年 11 月 30 日《国土资源部关于修改〈测绘行政处罚程序规定〉的决定》修正）

第一章　总　则

第一条　为规范和保证各级测绘主管部门依法行使职权，正确实施行政处罚，维护测绘行政执法相对人的合法权益，依照《中华人民共和国行政处罚法》、《中华人民共和国测绘法》及有关行政法规的规定，制定本规定。

第二条 公民、法人和其他组织违反测绘法律、法规或者规章，依法由测绘主管部门给予行政处罚的，适用本规定。

第三条 测绘主管部门实施行政处罚，必须遵循以下原则：

（一）公正、公开地行使法律、法规和规章赋予的行政职权；

（二）实施行政处罚必须有法律、法规和规章依据，没有依据的，不得给予行政处罚；

（三）实施行政处罚，应当事实清楚、证据确凿，给予违法行为人的行政处罚应当与其违法行为的事实、性质、情节以及社会危害程度相当；

（四）坚持处罚与教育相结合的原则，教育公民、法人和其他组织自觉守法。

第二章 管 辖

第四条 测绘行政处罚由违法行为发生地的县级以上测绘主管部门管辖，法律、法规和规章另有规定的依规定。

第五条 下列行政处罚案件由国务院测绘行政主管部门管辖：

（一）取消甲级测绘资格；

（二）全国范围内的重大测绘行政处罚案件。

第六条 下列行政处罚案件由违法行为发生地的省级管理测绘工作的部门负责管辖：

（一）取消乙级以下测绘资格；

（二）法律法规规定由省级管理测绘工作的部门管辖的测绘行政处罚案件。

第七条 省级以下管理测绘工作的部门根据省、自治区、直辖市人民政府的法规规定管辖本行政区域内的测绘行政处罚案件。

第八条 对管辖有争议的，报请争议双方共同的上一级测绘主管部门指定管辖。

第三章 简易程序

第九条 适用简易程序当场进行测绘行政处罚必须同时符合以下条件：

（一）违法行为轻微，事实清楚、证据确凿并且有给予行政处罚的法定依据；

（二）给予的行政处罚是警告，或者是对公民处以五十元以下、对法人或者其他组织处 以一千元以下的罚款。

第十条 适用简易程序当场查处违法行为，执法人员应当向当事人出示国务院测绘行政主管部门或省级政府法制部门颁发的行政执法证件，了解违法事实，作出笔录，收集必要的证据，填写格式化的行政处罚决定书。

格式化的行政处罚决定书应当载明当事人的违法事实、处罚依据、罚款的数额、告知当事人有陈述权和申辩权、处罚时间、地点、行政机关名称及印章，并由执法人员签名或者盖章。

第十一条 上条中的行政处罚决定书应当当场交付当事人并由当事人签字或者盖章。

第十二条 适用简易程序查处案件的有关材料，应当在七日内报执法人 员所在地测绘主管部门。

第四章 一般程序

第十三条 测绘主管部门对本辖区内的测绘违法行为依法应当给予行政处罚的，除适用简易程序的外，必须首先立案。每一案件至少有两名承办人，并确定一名案件负责人。

第十四条　承办人与案件有直接利害关系的，应当回避。

第十五条　对已经立案的测绘违法案件，应当进行全面、客观、公正的调查。

调查案件时，执法人员不得少于两人，并应当向当事人或有关人员出示国务院测绘行政主管部门或者省级政府法制部门颁发的执法证件。

第十六条　调查案件可以采取以下方式：询问当事人、证人和其他有关人员；查阅有关 材料；向国家机关、企业、事业单位、人民团体调取、收集书面证据材料；对专门性问题进行鉴定；必要时由有关人员协助进行现场勘验、检查；法律、法规许可的其他方式。

第十七条　询问当事人、证人和其他有关人员，应当进行笔录，并由被询问人核对无误后签字。

查阅有关材料，对可以用作证据的部分，应当进行复制或摘抄。

向国家机关、企业、事业单位、人民团体调取、收集的书面证据材料，必须由提供人署名，并加盖单位印章。

对专门性问题进行鉴定，应当写出鉴定结论，并由鉴定人签名。

进行现场勘验、检查，应当将勘验、检查的情况写成笔录，并由被勘验、检查人或者见证人签名。

第十八条　调查终结，应当由案件承办人写出调查报告。根据调查结果和有关法律、法规和规章的规定提出处理意见，报实施行政处罚的测绘主管部门负责人审批。

第十九条　测绘主管部门负责人应当对违法事实是否清楚、证据是否充分、程序是否合法、适用法律、法规和规章是否准确等进行审查并签署意见。

第二十条 对于情节复杂、疑难的案件，应当由测绘主管部门负责人集体讨论作出处理决定。

第二十一条 在作出行政处罚决定之前，案件负责人应当告知当事人作出行政处罚的事实、理由及依据，并告知当事人有权进行陈述和申辩。

案件负责人应当充分听取当事人的意见，并把当事人的意见记录在案。对当事人提出的事实、理由和证据应当进行复核，当事人提出的事实、理由和证据成立的，应当采纳。

第二十二条 案件经过测绘主管部门负责人审批或者集体讨论，根据不同情况，分别作出如下决定：

（一）应受行政处罚的，根据情节轻重及具体情况，作出具体行政处罚决定；

（二）违法行为轻微，依法可以不予行政处罚的，不予行政处罚；

（三）违法事实不能成立的，不得给予行政处罚；

（四）违法行为已构成犯罪的，移送有关司法机关；

（五）不属于本部门管辖的，移送到有管辖权的部门。

第二十三条 测绘主管部门按照本规定第二十二条的规定实施行政处罚，应当按照《测绘行政处罚决定书格式规定》（见附件）制作行政处罚决定书，由做出行政处罚决定的测绘主管部门负责人签发。

第二十四条 对违法行为轻微，依法不予行政处罚或者违法事实不成立，不得给予行政处罚的，由案件负责人制作书面的不予行政处罚决定书，并由做出决定的测绘主管部门负责人签发。

对违法行为已构成犯罪，需要移送司法机关的，制作移送司法机关的决定书，连同案件的有关材料一并移送司法机关处理。

对无管辖权应当移送到其他有管辖权部门的案件，必须制作移送决定书，连同案件的有关材料一并移送有关部门处理。

第二十五条 案件处理完毕，应当将案件的所有材料整理归档。

第五章 听证程序

第二十六条 测绘主管部门在作出下列行政处罚决定之前，应当告知当事人有要求举行听证的权利，当事人要求听证的，作出行政处罚决定的测绘主管部门应当依照法律法规的规定组织听证：

（一）取消测绘资格；

（二）停止测绘活动、停止地图编制活动；

（三）没收违法所得、没收测绘成果；

（四）对公民处以一千元以上罚款、对法人处以一万元以上罚款，省级人民政府或者省级人民政府法制部门对罚款数额另有规定的，也可以依规定进行。

第二十七条 当事人要求听证的，应当在测绘主管部门告知后三日内提出。

第二十八条 测绘主管部门应当在听证的七日前，通知当事人举行听证的时间、地点。

除涉及国家秘密、商业秘密或者个人隐私外，听证公开举行。

第二十九条 听证由测绘主管部门指定的其他非本案调查人员主持。测绘主管部门设有法制工作机构的，应当指定其法制工作机构主持听证。

第三十条 当事人认为主持人与本案有直接利害关系的，有权申请其回避。

申请回避必须在听证结束前提出，由当事人口头或者书面向测绘主管部门提出。

测绘主管部门认为主持人没有回避事由不需要回避的，书面告知申请人。

第三十一条 听证按下列顺序进行：

（一）案件承办人员提出当事人违法的事实、证据、拟作出的行政处罚及其依据；

（二）当事人及其委托代理人进行陈述和申辩，并可以提出相应的证据；

（三）互相质证、辩论；

（四）听证主持人按照案件承办人员、当事人的先后顺序征询双方最后意见。

第三十二条 听证的过程应当有专人负责笔录，听证结束后，案件承办人员及当事人应当在笔录上签字。

第三十三条 听证结束后，由测绘主管部门负责人集体讨论后按照本规定第二十二条、第二十三条作出处理决定。

第三十四条 听证笔录应当一并归档。

第六章 送 达

第三十五条 测绘行政处罚决定书应当在作出行政处罚决定后七日内送达被处罚人。

第三十六条 测绘主管部门送达行政处罚决定书，应当直接送交被处罚人；被处罚人是法人或者其他组织的，交其收发部门签收；本人不在的，交其同住的成年家属或者所在单位签收；本人已经指定代收人的，交代收人签收。

第三十七条 被处罚人拒绝接受行政处罚决定书的，送达人应当邀请有关人员到场，说明情况，在送达回证上记明拒收事由和日期，由送达人和见证人签名，把行政处罚决定书留在收发部门或者被处罚人的住处，即视为送达。

第三十八条　在直接送达有困难的情况下，测绘行政主管部门也可以采取邮寄的方式送达测绘行政处罚决定书。通过邮局用挂号的方式将行政处罚决定书和送达回证邮寄被处罚人，送达时间以被处罚人在送达回证上注明的收件日期为送达日期；挂号信回执上注明的收件日期与送达回证上注明的日期不一致的，或者送达回证没有寄回的，以挂号信回执上的收件日期为送达日期。

第三十九条　当事人对测绘行政处罚不服的，可在接到行政处罚决定书之日起，六十日内向上一级测绘主管部门申请复议；当事人也可在接到处罚决定书之日起，三个月内直接向有管辖权的人民法院起诉。当事人逾期不申请复议，也不向人民法院起诉，又不履行行政处罚决定的，由作出处罚决定的测绘主管部门申请人民法院强制执行。

第七章　附　则

第四十条　实施测绘行政处罚可选择适用本规定或者本省、自治区、直辖市人民政府行政处罚程序规定。

第四十一条　本规定由国家测绘局负责解释。

第四十二条　《测绘行政处罚决定书格式规定》与本规定共同发布，有同等效力。

第四十三条　本规定自发布之日起实施。

自然生态空间用途管制办法（试行）

国土资源部关于印发

《自然生态空间用途管制办法（试行）》的通知

国土资发〔2017〕33号

各省、自治区、直辖市人民政府，国务院有关部委、直属机构：

为加强自然生态空间保护，推进自然资源管理体制改革，健全国土空间用途管制制度，促进生态文明建设，按照《生态文明体制改革总体方案》要求，国土资源部会同发展改革委、财政部、环境保护部、住房城乡建设部、水利部、农业部、林业局、海洋局、测绘地信局等9个部门，研究制定了《自然生态空间用途管制办法（试行）》，已经国务院同意，现予以印发，请结合实际，认真贯彻执行。

2017年3月24日

第一章 总 则

第一条 为加强自然生态空间保护，推进自然资源管理体制改革，促进生态文明建设，按照《生态文明体制改革总体方案》要求，制定本办法。

第二条 本办法所称自然生态空间（以下简称生态空间），是指具有自然属性、以提供生态产品或生态服务为主导功能的国土空间，涵盖需要保护和合理利用的森林、草原、湿地、河流、湖泊、滩涂、岸线、海洋、荒地、荒漠、戈壁、冰川、高山冻原、无居民海岛等。

本办法所称生态保护红线，是指在生态空间范围内具有特殊重要生态功能、必须强制性严格保护的区域，是保障和维护国家生态安全的底线和生命线，通常包括具有重要水源涵养、生物多样性维护、水土保持、防风固沙、海岸生态稳定等功能的生态功能重要区域，以及水土流失、土地沙化、石漠化、盐渍化等生态环境敏感脆弱区域。

第三条 凡涉及生态空间的城乡建设、工农业生产、资源开发利用和整治修复活动，都必须遵守本办法。鉴于海洋国土空间的特殊性，海洋生态空间用途管制相关规定另行制定。

第四条 生态空间用途管制，坚持生态优先、区域统筹、分级分类、协同共治的原则，并与生态保护红线制度和自然资源管理体制改革要求相衔接。

第五条 国家对生态空间依法实行区域准入和用途转用许可制度，严格控制各类开发利用活动对生态空间的占用和扰动，确保依法保护的生态空间面积不减少，生态功能不降低，生态服务保障能力逐渐提高。

第六条 国土资源、发展改革、环境保护、城乡规划主管部门会同水利、农业、林业、海洋等部门，依据有关法律法规，在各自职责范围内对生态空间进行管理，落实用途管制的要求。

第七条 市县级及以上地方人民政府在系统开展资源环境承载能力和国土空间开发适宜性评价的基础上，确定城镇、农业、生态空间，划定生态保护红线、永久基本农田、城镇开发边界，科学合理编制空间规划，作为生态空间用途管制的依据。

第二章 生态空间布局与用途确定

第八条 各级空间规划要综合考虑主体功能定位、空间开发需求、资源环境承载能力和粮食安全，明确本辖区内生态空间保护目标与布局。

国家级、省级空间规划，应明确全国和省域内生态空间保护目标、总体格局和重点区域。市县级空间规划进一步明确生态空间用途分区和管制要求。

第九条 国家在土地、森林、草原、湿地、水域、岸线、海洋和生态环境等调查标准基础上，制定调查评价标准，以全国土地调查成果、自然资源专项调查和地理国情普查成果为基础，按照统一调查时点和标准，确定生态空间用途、权属和分布。

第十条 按照保护需要和开发利用要求，将生态保护红线落实到地块，明确用途，并通过自然资源统一确权登记予以明确，设定统一规范的标识标牌。

第十一条 市县级人民政府应通过组织编制中心城区和乡镇级土地利用总体规划等其他涉及空间开发、利用、保护、整治的规划，落实空间规划要求，对生态空间用途与管制措施进行细化。

第三章　用途管控

第十二条　生态保护红线原则上按禁止开发区域的要求进行管理。严禁不符合主体功能定位的各类开发活动，严禁任意改变用途，严格禁止任何单位和个人擅自占用和改变用地性质，鼓励按照规划开展维护、修复和提升生态功能的活动。因国家重大战略资源勘查需要，在不影响主体功能定位的前提下，经依法批准后予以安排。

生态保护红线外的生态空间，原则上按限制开发区域的要求进行管理。按照生态空间用途分区，依法制定区域准入条件，明确允许、限制、禁止的产业和项目类型清单，根据空间规划确定的开发强度，提出城乡建设、工农业生产、矿产开发、旅游康体等活动的规模、强度、布局和环境保护等方面的要求，由同级人民政府予以公示。

第十三条　从严控制生态空间转为城镇空间和农业空间，禁止生态保护红线内空间违法转为城镇空间和农业空间。加强对农业空间转为生态空间的监督管理，未经国务院批准，禁止将永久基本农田转为城镇空间。鼓励城镇空间和符合国家生态退耕条件的农业空间转为生态空间。

生态空间与城镇空间、农业空间的相互转化利用，应按照资源环境承载能力和国土空间开发适宜性评价，根据功能变化状况，依法由有批准权的人民政府进行修改调整。

第十四条　禁止新增建设占用生态保护红线，确因国家重大基础设施、重大民生保障项目建设等无法避让的，由省级人民政府组织论证，提出调整方案，经环境保护部、国家发展改革委会同有关部门提出审核意见后，报经国务院批准。生态保护红线内的原有居住用地和其他建设用地，不得随意扩建和改建。

严格控制新增建设占用生态保护红线外的生态空间。符合区域准入条件的建设项目，涉及占用生态空间中的林地、草原等，按有关法律法规规定办理；涉及占用生态空间中其他未作明确规定的用地，应当加强论证和管理。

鼓励各地根据生态保护需要和规划，结合土地综合整治、工矿废弃地复垦利用、矿山环境恢复治理等各类工程实施，因地制宜促进生态空间内建设用地逐步有序退出。

第十五条 禁止农业开发占用生态保护红线内的生态空间，生态保护红线内已有的农业用地，建立逐步退出机制，恢复生态用途。

严格限制农业开发占用生态保护红线外的生态空间，符合条件的农业开发项目，须依法由市县级及以上地方人民政府统筹安排。生态保护红线外的耕地，除符合国家生态退耕条件，并纳入国家生态退耕总体安排，或因国家重大生态工程建设需要外，不得随意转用。

第十六条 有序引导生态空间用途之间的相互转变，鼓励向有利于生态功能提升的方向转变，严格禁止不符合生态保护要求或有损生态功能的相互转换。

科学规划、统筹安排荒地、荒漠、戈壁、冰川、高山冻原等生态脆弱地区的生态建设，因各类生态建设规划和工程需要调整用途的，依照有关法律法规办理转用审批手续。

第十七条 在不改变利用方式的前提下，依据资源环境承载能力，对依法保护的生态空间实行承载力控制，防止过度垦殖、放牧、采伐、取水、渔猎、旅游等对生态功能造成损害，确保自然生态系统的稳定。

第四章　维护修复

第十八条　按照尊重规律、因地制宜的原则，明确采取休禁措施的区域规模、布局、时序安排，促进区域生态系统自我恢复和生态空间休养生息。

第十九条　实施生态修复重大工程，分区分类开展受损生态空间的修复。

集体土地所有者、土地使用单位和个人应认真履行有关法定义务，及时恢复因不合理建设开发、矿产开采、农业开垦等破坏的生态空间。

第二十条　树立山水林田湖是一个生命共同体的理念，组织制定和实施生态空间改造提升计划，提升生态斑块的生态功能和服务价值，建立和完善生态廊道，提高生态空间的完整性和连通性。制定激励政策，鼓励集体土地所有者、土地使用单位和个人，按照土地用途，改造提升生态空间的生态功能和生态服务价值。

第五章　实施保障

第二十一条　国家建立自然资源统一确权登记制度，推动建立归属清晰、权责明确、监管有效的自然资源资产产权制度，促进生态空间有效保护。

第二十二条　市县级及以上地方人民政府有关行政主管部门

按照各自职责，对生态空间进行管理，同时加强部门协同，实现生态空间的统筹管理和保护。

第二十三条 国家鼓励地方采取协议管护等方式，对生态保护红线进行有效保护。确有需要的，可采取土地征收方式予以保护。

采取协议管护方式的，由有关部门或相应管护机构与生态空间的相关土地权利人签订协议，明确双方权利义务，约定管护和违约责任。鼓励建立土地使用信用制度，对于没有履行管护协议的行为，记入当事人用地信用档案，强化用地监管和检查。

第二十四条 市县级及以上地方人民政府应当建立健全生态保护补偿长效机制和多渠道增加生态建设投入机制，采取资金补助、技术扶持等措施，加强对生态空间保护的补偿。

国家鼓励地区间建立横向生态保护补偿机制，引导生态受益地区与保护地区之间、流域下游与上游之间，通过资金补助、产业转移、移民安置、人才培训、共建园区等方式实施补偿，共同分担生态保护任务。

第二十五条 市县级及以上地方人民政府应当采取措施，确保本行政区域依法保护的生态空间面积不减少、功能不降低、生态服务保障能力逐渐提高。生态空间保护目标完成情况纳入领导干部自然资源资产离任审计，对自然生态损害责任实行终身追究。

市县级人民政府、乡（镇）人民政府、农村集体经济组织或者村民委员会之间，应逐级签订生态保护红线保护责任书，责任书履行情况纳入生态文明建设目标评价考核体系。

第二十六条 结合各地现有工作基础、区域差异和发展阶段，并与国家生态文明试验区、生态保护红线划定、空间规划改革试点、自然资源统一确权登记试点等工作相衔接，在试点地区省、市、县不同层级开展生态空间用途管制试点，总结经验，完善制度。

第六章　监测评估

第二十七条　国土资源部、国家发展改革委、环境保护部、住房城乡建设部会同有关部门，在现有工作基础上，整合建设国家生态空间动态监管信息平台，充分利用陆海观测卫星和各类地面监测站点开展全天候监测，及时掌握生态空间变化情况，建立信息共享机制，并定期向社会公布。建立常态化资源环境承载能力监测预警机制，对超过或接近承载能力的地区，实行预警和限制性措施。

第二十八条　地方人民政府应定期开展专项督查和绩效评估，监督生态空间保护目标、措施落实和相关法律法规、政策的贯彻执行。

市县级人民政府应当建立生态空间保护监督检查制度，定期组织有关行政主管部门对生态空间保护情况进行联合检查，对本行政区域内发生的破坏生态空间的行为，及时责令相关责任主体纠正、整改。

第二十九条　地方各级人民政府应健全生态保护的公众参与和信息公开机制，充分发挥社会舆论和公众的监督作用。加强宣传、教育和科普，提高公众生态意识，形成崇尚生态文明的社会氛围。

第七章　附　　则

第三十条　本办法先行在试点地区（见附件）实施；自印发之日起施行。

附件

自然生态空间用途管制试点方案

根据中共中央、国务院印发的《关于加快推进生态文明建设的意见》和《生态文明体制改革总体方案》，为积极稳妥推进覆盖全部自然生态空间的用途管制制度，以点带面探索自然生态空间用途管制方法，形成可复制、可推广的自然生态空间用途管控经验，制定本方案。

一、总体要求

（一）指导思想。全面贯彻落实党的十八大和十八届三中、四中、五中、六中全会精神，深入贯彻习近平总书记系列重要讲话精神和治国理政新理念新思想新战略，认真落实党中央、国务院决策部署，统筹推进"五位一体"总体布局和"四个全面"战略布局，牢固树立创新、协调、绿色、开放、共享的发展理念，坚持尊重自然顺应自然保护自然、发展和保护相统一、绿水青山就是金山银山、自然价值和自然资本、空间均衡、山水林田湖是一个生命共同体等理念，以改善生态环境质量、推动绿色发展为目标，以体制创新、制度供给、模式探索为重点，开展自然生态空间用途管制试点工作，将顶层设计与地方实践相结合，建立健全覆盖全部自然生态空间的用途管制制度体系，推进生态文明领域国家治理体系和治理能力现代化。

（二）基本原则。

坚持统筹兼顾。综合考虑省级层面宏观管控和市县层面微观管理的双重需求，加强上下联动；做好各相关改革措施间的衔接，强化部门协作，形成改革整体合力。

坚持改革创新。鼓励试点地区因地制宜，结合本地实际大胆探索，允许试错、包容失败、及时纠错。

坚持利于推广。坚持实施导向、好用管用，立足服务国家大局，尽快形成可操作、能监管，可复制、能推广的改革成果。

（三）总体目标。通过试验探索，推动自然生态空间用途管制制度取得重要进展，形成若干可操作、有效管用的制度成果；试点地区率先建成覆盖全部自然生态空间的用途管制制度体系，资源利用水平大幅提高、生态环境质量持续改善、发展质量和效益明显提升。

二、试点任务

（一）开展调查评价。各试点地区要在土地、森林、草原、湿地、水域、岸线、海洋和生态环境等调查标准基础上，建立调查评价标准，以全国土地调查成果、自然资源专项调查和地理国情普查成果为基础，确定各类自然生态空间的用途、权属和分布等情况，建立数据共享机制，为自然生态空间的规划布局、确权登记和用途管制奠定基础。

（二）划定保护范围。按照生态保护红线划定技术规范，科学划定生态保护红线。以生态保护红线、永久基本农田和城市开发边界为依据和主要内容，综合考虑主体功能定位、空间开发需求、资源环境承载能力和粮食安全，编制空间规划，明确本辖区内自然生态空间保护要求，统筹确定自然生态空间的保护目标与布局。

（三）制定准入条件。按照生态主导功能和生态保护类型，分类制定生态功能类型区的区域准入条件，开展资源环境承载力评价，确定允许的开发强度，明确允许、限制、禁止的产业和项目类型清单，提出城乡建设、工农业生产、矿产开发、旅游康体等活动的规模、强度、布局和环境保护等方面的限额要求。

（四）落实空间用途。根据保护需要和开发利用要求，依据空间规划确定的自然生态空间保护目标与布局，确定用途管制要求，落实到地块，并予以公告。

（五）制定转用规则。整合现有各类用途转用制度，分别针对生态空间向城镇空间、农业空间的转变，生态空间内建设用地、农业用地管控，以及生态空间内部用途之间的相互转换，区分生态保护红线内外，制定差别化转用审批流程，探索建立用途转用许可制度。

（六）创新管护模式。依托自然资源统一确权登记，建立归属清晰、权责明确、监管有效的自然资源资产产权制度。探索土地征收和协议管护等管理模式。探索建立生态保护补偿长效机制和多渠道增加生态建设投入机制。在分类管理基础上，探索建立部门协同管理机制。

（七）做好效果评估。试点地区要定期对任务完成情况开展自评估，每季度报送工作进展情况。省级国土资源、发展改革、环境保护、城乡规划行政主管部门会同相关部门做好督导和效果评估，及时总结推广试行有效的举措和做法，对试点过程中发现的问题和实践证明不可行的举措，要及时调整，提出相关建议。

三、试点区域

综合考虑各地现有工作基础、区域差异和发展阶段等因素，并与正在开展的国家生态文明试验区、生态保护红线、空间规划、自然资源统一确权登记等改革（试点）相衔接，在福建、江西、河南、海南、贵州、青海等6省各选择2—3个市县开展试点工作，6省可根据需要，适当增加试点市县数量。

四、预期成果

试点市县应提交以下成果：

（一）工作报告。试点工作报告主要内容包括：1. 基本情况；2. 工作过程；3. 工作成效与认识；4. 存在的主要问题；5. 下一步工作安排与建议；6. 其它。要做到内容翔实具体，数据准确可靠。

（二）技术报告。梳理试点过程中涉及的调查评价、红线划定、落实用途等技术要求，形成技术报告。

（三）自然生态空间用途管制实施细则。梳理转用许可审批流程，从审批权限、申报要求、审查原则、审查内容、审批程序等方面，明确转用许可具体办法，形成《自然生态空间用途管制实施细则》。

（四）自然生态空间用途管制制度建议。提出自然生态空间用途管制的制度改革建议，形成相应的"一套办法"。包括工作组织、工作方式、技术路径、协作机制、保障措施、体制机制改革建议等，形成可借鉴、易推广的工作模式和技术途径。

五、时间安排

试点周期自 2017 年 3 月到 2018 年 12 月，2019 年上半年对试点进行评估研究。具体分为 3 个阶段：

（一）准备阶段（2017.03—2017.06）。试点省和试点地方人民政府根据试点任务要求，开展自然生态空间调查评价基础资料的收集整理和整合工作，分别编制试点方案，由国土资源部、国家发展改革委、环境保护部、住房城乡建设部等部门组织论证。

（二）实施阶段（2017.06—2018.12）。按照《自然生态空间用途管制办法（试行）》要求，开展试点工作。

（三）评估阶段（2019.01—2019.06）。试点省和试点地区提交试点成果，并提出修订完善自然生态空间用途管制办法的建议，由国土资源部、国家发展改革委、环境保护部、住房城乡建设部等部门共同进行评估验收。

在开展试点的基础上，针对自然生态空间用途管制试点报告及修订建议，完善自然生态空间用途管制办法。

六、保障措施

（一）加强组织实施。成立自然生态空间用途管制试点工作领导小组，由国土资源部、发展改革委、财政部、环境保护部、住房城乡建设部、水利部、农业部、林业局、海洋局、测绘地信局等有关人员组成，加强统筹协调，指导支持地方开展试点工作。成立自然生态空间用途管制专家咨询组，提供有关理论、政策咨询。试点地区人民政府成立试点工作组织协调机构，建立沟通协商机制。相关部门要积极支持和配合试点工作，参与有关问题研究，提供空间用途管制制度建立所需要的各类资料，并保障工作经费。试点地区所在省人民政府及有关部门要加强领导与协调。

（二）做好指导支持。试点期间，有关部门要及时赴试点地区指导调研，协调解决试点过程中遇到的问题。各试点地区在试点过程中发现的重要问题和成功做法，应及时报告。

全国普法学习读本
★ ★ ★ ★ ★

国土资源法律法规学习读本

国土资源综合法律法规

李 勇 主编

加大全民普法力度，建设社会主义法治文化，树立宪法法律
至上、法律面前人人平等的法治理念。

—— 中国共产党第十九次全国代表大会《决胜全面建
成小康社会 夺取新时代中国特色社会主义伟大胜利》

汕头大学出版社

图书在版编目（CIP）数据

国土资源综合法律法规／李勇主编. -- 汕头：汕
头大学出版社（2021．7 重印）
（国土资源法律法规学习读本）
ISBN 978-7-5658-3669-5

Ⅰ．①国… Ⅱ．①李… Ⅲ．①国土资源-资源管理-
法规-基本知识-中国 Ⅳ．①D922．334

中国版本图书馆 CIP 数据核字（2018）第 137442 号

国土资源综合法律法规　　GUOTU ZIYUAN ZONGHE FALÜ FAGUI

主　　编：李　勇
责任编辑：邹　峰
责任技编：黄东生
封面设计：大华文苑
出版发行：汕头大学出版社
　　　　　广东省汕头市大学路 243 号汕头大学校园内　　邮政编码：515063
电　　话：0754-82904613
印　　刷：三河市南阳印刷有限公司
开　　本：690mm×960mm 1/16
印　　张：18
字　　数：226 千字
版　　次：2018 年 7 月第 1 版
印　　次：2021 年 7 月第 2 次印刷
定　　价：59.60 元(全 2 册)
ISBN 978-7-5658-3669-5

前　言

习近平总书记指出："推进全民守法，必须着力增强全民法治观念。要坚持把全民普法和守法作为依法治国的长期基础性工作，采取有力措施加强法制宣传教育。要坚持法治教育从娃娃抓起，把法治教育纳入国民教育体系和精神文明创建内容，由易到难、循序渐进不断增强青少年的规则意识。要健全公民和组织守法信用记录，完善守法诚信褒奖机制和违法失信行为惩戒机制，形成守法光荣、违法可耻的社会氛围，使遵法守法成为全体人民共同追求和自觉行动。"

中共中央、国务院曾经转发了中央宣传部、司法部关于在公民中开展法治宣传教育的规划，并发出通知，要求各地区各部门结合实际认真贯彻执行。通知指出，全民普法和守法是依法治国的长期基础性工作。深入开展法治宣传教育，是全面建成小康社会和新农村的重要保障。

普法规划指出：各地区各部门要根据实际需要，从不同群体的特点出发，因地制宜开展有特色的法治宣传教育坚持集中法治宣传教育与经常性法治宣传教育相结合，深化法律进机关、进乡村、进社区、进学校、进企业、进单位的"法律六进"主题活动，完善工作标准，建立长效机制。

特别是农业、农村和农民问题，始终是关系党和人民事业发展的全局性和根本性问题。党中央、国务院发布的《关于推进社会主义新农村建设的若干意见》中明确提出要"加强农村法制建设，深入开展农村普法教育，增强农民的法制观念，提高农民依法行使权利和履行义务的自觉性。"多年普法实践证明，普及法律知识，提高法制观念，增强全社会依法办事意识具有重要作用。特别是在广大农村进行普法教育，是提高全民法律素质的需要。

多年来，我国在农村实行的改革开放取得了极大成功，农村发生了翻天覆地的变化，广大农民生活水平大大得到了提高。但是，由于历史和社会等原因，现阶段我国一些地区农民文化素质还不高，不学法、不懂法、不守法现象虽然较原来有所改变，但仍有相当一部分群众的法制观念仍很淡化，不懂、不愿借助法律来保护自身权益，这就极易受到不法的侵害，或极易进行违法犯罪活动，严重阻碍了全面建成小康社会和新农村步伐。

为此，根据党和政府的指示精神以及普法规划，特别是根据广大农村农民的现状，在有关部门和专家的指导下，特别编辑了这套《全国普法学习读本》。主要包括了广大人民群众应知应懂、实际实用的法律法规。为了辅导学习，附录还收入了相应法律法规的条例准则、实施细则、解读解答、案例分析等；同时为了突出法律法规的实际实用特点，兼顾地方性和特殊性，附录还收入了部分某些地方性法律法规以及非法律法规的政策文件、管理制度、应用表格等内容，拓展了本书的知识范围，使法律法规更"接地气"，便于读者学习掌握和实际应用。

在众多法律法规中，我们通过甄别，淘汰了废止的，精选了最新的、权威的和全面的。但有部分法律法规有些条款不适应当下情况了，却没有颁布新的，我们又不能擅自改动，只得保留原有条款，但附录却有相应的补充修改意见或通知等。众多法律法规根据不同内容和受众特点，经过归类组合，优化配套。整套普法读本非常全面系统，具有很强的学习性、实用性和指导性，非常适合用于广大农村和城乡普法学习教育与实践指导。总之，是全国全民普法的良好读本。

目 录

国土资源标准化管理办法

国土资源听证规定

国土资源行政复议规定

国土资源行政处罚办法

国土资源执法监督法律法规

国土资源调查专项资金管理暂行办法

自然资源统一确权登记办法（试行）

中华人民共和国资源税暂行条例

国土资源科学技术奖励办法

国土资源"十三五"科学技术普及实施方案

国土资源标准化管理办法

国土资发〔2009〕136 号

各省、自治区、直辖市国土资源厅（国土环境资源厅、国土资源局、国土资源和房屋管理局、规划和国土资源管理局），新疆建设兵团国土资源局，各派驻地方的国家土地督察局，中国地质调查局及部其他直属单位，部机关各司局：

《国土资源标准化管理办法》经第 34 次部长办公会审议通过，现予印发，请遵照执行。

国土资源部

二〇〇九年十月十二日

一、总　则

第一条　为了加强对国土资源标准化工作的管理，根据《中华人民共和国标准化法》、《中华人民共和国土地管理法》、《中华人民共和国矿产资源法》及国家有关规定，制定本办法。

第二条 标准化是国土资源调查、规划、管理、保护和合理利用的重要科学技术基础，是国土资源管理工作的重要组成部分。国土资源标准化工作的主要任务是：贯彻国家有关标准化法律法规，组织制定国土资源标准化工作的规划、计划，建立和完善国土资源技术标准体系，组织制定、修订、宣传、贯彻和监督实施国土资源标准。国土资源标准化工作应纳入相关规划和计划。

第三条 国土资源标准是指土地资源、矿产资源、地质、海洋、测绘等领域的技术标准、规程和规范。土地资源、矿产资源、海洋自然资源、地质等领域的标准化工作适用于本办法。海洋、测绘技术标准由国家海洋局与国家测绘局分别制定。

国土资源标准分为国家标准、行业标准、地方标准、企业标准。国土资源部组织拟订国土资源国家标准；组织制定审批发布国土资源行业标准；对国土资源领域的地方标准实行备案管理。

第四条 国土资源标准化工作应遵循下列原则：

（一）归口管理、分工负责、共同推进；

（二）支撑国土资源管理和依法行政；促进科技进步与成果转化；

（三）采用国际标准及国外先进标准，并逐步与国际标准接轨；

（四）规范、公开、透明，社会公众参与。

二、组织机构与职责分工

第五条 国土资源部科技主管司局归口管理国土资源标准化工作，主要职责是：

（一）根据国家标准化工作的法律、法规和方针、政策，起草具体实施办法；组织建立完善国土资源标准体系；

（二）组织制定、实施国土资源标准化工作发展规划与年度计划；对国土资源行业标准实行统一计划、统一审查、统一批准、统一编号和发布，负责行业标准的备案工作；

（三）统一组织协调国土资源标准的宣传、贯彻、培训和监督检查工作；

（四）指导各省（自治区、直辖市）国土资源行政主管部门的标准化工作。

第六条 国土资源部各业务主管司局的主要职责是：

（一）组织拟订相关国家标准和行业标准；

（二）组织开展相关国土资源标准的宣传、贯彻、培训及监督检查工作。

第七条 设立全国国土资源标准化技术委员会（以下简称技术委员会），专门从事国土资源标准化的技术工作，其成员由国土资源领域内从事生产、科研、教学和管理等工作的专家组成。技术委员会的主要职责是对国土资源标准制、修订规划及年度计划工作提供咨询，开展国土资源标准的制、修订技术审查和技术复审等工作。

技术委员会秘书处挂靠在国土资源经济研究院，负责承担技术委员会的日常工作。国土资源经济研究院作为国土资源标准化技术归口单位，主要承担重要标准的制、修订及标准草案的标准化审查，开展国土资源标准化基础研究，协助开展技术标准的宣传贯彻、培训和复审及信息咨询等工作。

第八条 技术委员会按专业领域划分并设立若干专业标准化分技术委员会（以下简称分技术委员会），分别承担本专业领域内的技术委员会工作。分技术委员会秘书处挂靠在有关直属单位。有关直属单位作为专业技术归口单位为秘书处提供必要的工作条件。

专业技术归口单位的主要职责是：承担分技术委员会秘书处的日常工作；承担本专业标准的制、修订及标准草案的技术指导和审查工作；为技术委员会提供专业技术支撑。

三、标准范围和类别

第九条 对国土资源领域下列需要统一的技术要求，应制定标准：

（一）国土资源术语、分类、代码、符号、图式、图例及制图方法；

（二）国土资源信息化技术要求；

（三）土地资源调查、评价、规划、监测、整治、保护与节约集约利用技术要求，土地权属管理和土地市场管理相关技术要求；

（四）区域地质调查与海洋区域地质调查技术要求，包括主要目标、对象内容、技术工作程序、技术工艺、方法及装备、成果质量管理要求等；

（五）矿产资源的调查、勘查、评价、规划、开发与综合利用技术要求，其中包括标准化设计、技术工艺、方法、装备及技术指标要求；矿业权管理（其中包括矿山设计、开发利用方案、选矿厂设计、技术工艺、方法及开采回采率、选矿回收率、共伴生矿产资源回收率等技术指标要求）与矿产资源储量管理及矿山储量动态监督管理技术要求；

（六）水文地质、工程地质、环境地质技术要求；

（七）地质灾害调查、地质灾害防治工程勘查、设计、施工及监理等技术要求；地质环境的调查、评价、规划、监测、保护与合理利用技术要求；

（八）地质矿产勘查技术方法和地质矿产实验测试技术方法及标准物质；

（九）地质资料管理技术要求；

（十）国土资源管理工作需要制定的其他技术要求。

第十条 国土资源国家标准、行业标准分为强制性标准和推荐性标准。强制性标准包括全文强制或部分条文强制。

下列国土资源领域的技术要求应制定强制性标准：

（一）国土资源法律法规要求的标准；

（二）为国土资源行政审批、监督执法作依据的技术标准；

（三）土地资源节约集约利用、矿产资源综合利用技术标准；

（四）地质环境保护技术标准，地质灾害防治技术标准；

（五）地下水资源管护技术要求；

（六）土地整治工程环境、质量和安全方面的技术要求；

（七）国土资源调查涉及环境、质量和安全方面的技术要求；

（八）其他需要强制执行的技术要求。

国土资源领域其他技术要求应制定推荐性标准。

第十一条 国土资源领域内，需要在全国范围内统一的技术要求，应当制定国家标准；需要在国土资源相关行业范围内统一的技术要求，应制定行业标准；尚无国家标准和行业标准，而又需要在省（自治区、直辖市）范围内统一的技术要求，应依据相关法规制定地方标准。地方标准在相应国家标准或行业标准实施后，自行废止。

企业生产在没有相应国家标准、行业标准和地方标准的情况下，应当制定相应的企业标准，企业标准由企业组织制定，并按有关规定备案。对已有国家标准、行业标准或者地方标准的，鼓励企业制定执行国家标准、行业标准或者地方标准要求的企业标准，在企业内部适用。

四、标准预研究

第十二条 实行标准预研究管理制度。国土资源部组织实施的专项、重大项目应设立相关重要技术标准预研究项目，在立项时向部科技主管司局备案。

第十三条　预研究项目成果在验收后三个月内，应将项目成果和后续技术标准研究制定的方案报部科技主管司局备案，作为国土资源标准制修订年度计划编制的重要依据。

五、标准规划与计划

第十四条　部科技主管司局组织开展国土资源标准化的战略研究，并编制国土资源标准化规划。国土资源标准化规划应有明确的目标、任务、总体部署和具体措施。

第十五条　实行标准计划管理。制定和修订国土资源国家标准、行业标准，必须纳入国家标准和国土资源行业标准制、修订计划。

第十六条　部有关业务司局、有关单位应结合国土资源工作的实际需要，向部科技主管司局提出制、修订国家、行业标准的项目建议。

第十七条　技术委员会对项目建议进行汇总并组织部相关业务主管司局及有关专家共同研究，提出标准制、修订年度计划建议，部科技主管司局组织技术委员会审查。

第十八条　属于国家标准的计划项目，报国务院标准化行政主管部门审批立项；属行业标准的计划项目，在国土资源部网站公示十个工作日并对反馈意见处理后，报国土资源部批准，发布行业标准制、修订年度计划。

第十九条　经批准的国土资源标准制、修订年度计划项目一般不作调整。特殊情况需要调整的，经技术委员会审查后，国家标准计划项目报国务院标准化行政主管部门批准；行业标准计划项目报国土资源部批准。

第二十条 国土资源标准化工作经费主要来源于国家及各省（自治区、直辖市）国土资源专项工作经费及其它渠道筹集的经费。

国土资源部安排基础性、公益性及行政管理类标准的制、修订经费。国土资源部组织实施的专项、重大项目按任务内容落实标准计划项目经费，经费的使用按有关规定执行。

六、标准制定与修订

第二十一条 列入标准制、修订计划的项目一般应在两年内完成。若由于特殊情况无法按时完成的，起草单位可向部科技主管司局申请延期一年。延期一年仍未完成的项目，视为自动撤销。对不按时完成任务，又不及时提出延期申请的单位，两年内不再受理该单位标准制修订计划项目申报工作。

第二十二条 部业务主管司局负责组织拟订相关领域技术标准。承担标准制、修订任务的单位应广泛听取和吸纳有关的生产、科研、教学、管理部门等单位和专家的意见，形成标准征求意见稿，报分技术委员会。

第二十三条 分技术委员会组织专家对标准征求意见稿及有关文档进行审查后报部业务主管司局。部业务主管司局组织征求意见，提出标准送审稿及有关文档报技术委员会。如需征求国务院有关部门意见，由部科技主管司局组织。

第二十四条 部科技主管司局组织技术委员会对标准送审稿进行会议审查或函审，提出《标准审查会议纪要》或《标准函审意见》。属强制性标准须经公示，公示期为10个工作日。

采用会议审查时，组织者应在会议前一个月将标准送审稿及有关附件提交给参加标准审查的部门、单位和人员。会议审查时，必须有不少于出席会议代表人数的 3/4 同意为通过；标准起草人不能作为审查人员参加表决，其所在单位的代表不能超过参加表决人数的 1/4。

采用函审时，组织者应当在函审表决前两个月将函审通知及上述文件提交给参加函审的部门、单位和人员。采用函审时，必须有 3/4 的回函同意为通过。

会议代表出席率或函审回函率不足 2/3 时，应重新组织审查。

第二十五条　承担标准制、修订的单位按照《标准审查会议纪要》或《标准函审意见》的要求，对标准送审稿认真修改，完成标准报批稿及其附件，报送部科技主管司局。

七、标准审批与发布

第二十六条　标准报批时，文档必须齐全，应有"标准报批稿"、"标准编制说明"、"标准审查会议纪要"或"函审结论"及其"函审单"、"意见汇总处理表"和其他有关附件。对报批稿有重大修改时，应进行重新审查。

采用国际标准或国外先进标准时，应附有该标准的原文和译文。

第二十七条　部科技主管司局对标准报批稿及其附件进行审查后，属国家标准的，报国务院标准化行政主管部门审批、发布；属行业标准的，由国土资源部批准、编号、发布，并在国土资源部网站上发布公告，对强制性标准的主要内容进行公示。

强制性土地管理行业标准代号为 TD；

推荐性土地管理行业标准代号为 TD/T；

强制性地质矿产行业标准代号为 DZ；

推荐性地质矿产行业标准代号为 DZ/T。

第二十八条 国土资源地方标准的发布依照国务院标准化行政管理部门颁布的《地方标准管理办法》执行。省、自治区、直辖市国土资源行政主管部门制定地方国土资源标准化管理规定，应经国土资源部批准。

国土资源地方标准发布后 30 日内，由省（自治区、直辖市）国土资源行政主管部门向国土资源部备案。备案材料包括地方标准批文、地方标准文本、编制说明及相关材料各一份。

第二十九条 部科技主管司局负责组织管理行业标准的出版发行工作，技术归口单位承办日常工作，出版经费纳入国土资源标准编制经费。

第三十条 国土资源国家标准、行业标准由国土资源部解释。国土资源标准的著作权由批准发布机构享有。制定标准过程中形成的有关资料，应按照有关规定进行归档。

八、标准实施与监督检查

第三十一条 标准发布后，部业务主管司局应及时组织开展标准宣传、贯彻、培训、指导工作。标准宣贯工作应列入各级国土资源行政主管部门和技术机构的工作计划。

第三十二条 标准发布后，属于强制性的国家标准和行业标准，必须严格执行；行政法规要求强制执行的推荐性标准，自动变更为强制性标准；鼓励采用推荐性的国家标准和行业标准。

第三十三条 从事国土资源工作的组织和机构应积极贯彻、实施标准。实施标准中出现的技术问题，应当及时向部科技主管司局、有关业务主管司局或技术归口单位报告。

第三十四条 部业务主管司局组织对有关标准的实施进行监督检查。根据监督检查情况，编制监督检查报告及标准实施效果评估报告，部科技主管司局定期发布。检查报告及评估报告作为标准复审的重要依据。

任何单位及个人均有权向国土资源部投诉、举报违反国土资源强制性标准的行为。

九、标准复审

第三十五条 国土资源标准实施后，应当适时地进行复审，以确认现行标准继续有效或者予以修订、废止。复审周期一般不超过5年。

第三十六条 部科技主管司局会同有关业务主管司局组织或委托技术委员会组织有关专家对标准进行复审。

第三十七条 标准的复审可分别采取会议审查或函审的形式。需要有参加过该标准审查工作的单位或人员参加。

标准复审主要包括以下内容：

（一）是否符合国家现行的法律、行政法规和标准化工作的有关要求；

（二）标准的实施效果，以及标准内容和技术指标是否反映当前的技术水平；

（三）是否符合实际需要，是否对规范国土资源工作、提高经济效益和社会效益有推动作用；

（四）是否与现行相关标准协调配套；

（五）是否符合采用国际标准或国外先进标准的原则。

第三十八条 复审结果按以下情况分别处理。

（一）继续有效的标准，不改顺序号和年号。当标准重版时，在标准封面的标准编号栏写明"××××年确认有效"字样。

（二）需作修改的标准，作为修订项目列入计划。标准修订程序与标准制定程序相同。修订后的标准顺序号不变，将年号改为重新发布时的年号。

（三）已无必要存在的标准，予以废止。

第三十九条 技术委员会应在复审结束后写出复审报告，内容包括复审简况、处理意见、复审结论等，报国土资源部批准，并按规定归档。

第四十条 国家标准的复审结论经国土资源部审查同意后，报国家标准化管理委员会。行业标准的复审结论由国土资源部审查、公示、批准、发布，报国家标准化管理委员会备案。

十、附　则

第四十一条 本办法由国土资源部负责解释。

第四十二条 本办法自发布之日起开始施行。原国土资发〔2003〕137 号印发的《国土资源标准化管理办法》自行废止。

附 录

国土资源规范性文件管理规定

国土资源部令第 70 号

《国土资源规范性文件管理规定》已经 2016 年 12 月 28 日国土资源部第 5 次部务会议审议通过，现予以公布，自公布之日起施行。

部长

2016 年 12 月 30 日

第一条 为加强国土资源规范性文件管理，明确规范性文件的制定程序，保护公民、法人或者其他组织的合法权益，全面推进法治国土建设，制定本规定。

第二条 本规定所称规范性文件，是指县级以上国土资源主管部门为执行法律、法规、规章和上级规范性文件的规定，依照法定权限和程序制定并公开发布，涉及国土资源管理相对人权利和义务，具有普遍约束力并能够反复适用的文件。

第三条 规范性文件的起草、征求意见、合法性审查、审议、发布、解释、备案、评估、清理等，适用本规定。

第四条 规范性文件应当符合法律、法规、规章和上级规范性文件的规定，不得设定下列内容：

（一）行政许可事项；

（二）行政处罚事项；

（三）行政强制措施；

（四）行政征收事项；

（五）行政收费事项；

（六）行政检查事项；

（七）其他应当由法律、法规、规章规定的事项。

没有法律或者国务院行政法规、决定、命令的依据，规范性文件不得作出减损公民、法人和其他组织合法权益或者增加其义务的规定。

第五条 规范性文件实行统一登记、统一编号、统一发布制度。

县级以上国土资源主管部门制发规范性文件，应当使用专门的"国土资规"字号单独编号，统一发布。

未使用"国土资规"字号单独编号的文件，不认定为规范性文件，不得作为管理行政相对人的依据。

第六条 县级以上国土资源主管部门应当加强规范性文件信息化建设，建立规范性文件管理系统，逐步实现规范性文件发布、查询等信息的互通共享。

第七条 规范性文件根据需要可以使用决定、通知、意见等文种，可以使用规范、办法、意见等名称，但不得使用法、条例和规定。

第八条 规范性文件的起草机构应当对制定规范性文件的必要性、可行性、合法性和合理性进行全面论证，并对规范性文件需要解决的问题、拟确立的主要制度或者拟规定的主要措施等内容进行广泛调研。

法律、法规、规章和上级规范性文件已有明确规定的，不得重新制定规范性文件。

第九条 规范性文件的内容涉及重大制度调整、重大公共利益以及影响群众切身利益的，起草机构应当在起草阶段进行风险评估。

第十条 规范性文件起草过程中遇到的重点难点问题，起草机构应当邀请法律顾问和有关方面的专家参与，进行法律和专业论证。

第十一条 起草机构在起草规范性文件过程中，应当听取下级国土资源主管部门意见，必要时可以听取行政管理相对人的意见。

涉及重大事项或者关系人民群众切身利益的规范性文件，应当采取召开座谈会、论证会或者向社会公布草案等方式广泛征求意见。

规范性文件涉及其他部门职责的，起草机构应当征求其他部门的意见。其他部门对规范性文件草案内容提出重大分歧意见的，起草机构应当进行协调。

第十二条 起草机构对法律顾问、专家、下级国土资源主管部门、行政管理相对人、社会公众的重要意见和建议的研究处理情况，对其他部门重大分歧意见的协调处理情况，应当在起草说明中予以载明。

第十三条 起草规范性文件应当注明有效期。

规范性文件的有效期一般为三年至五年，最长不得超过八年。地方性法规另有规定的，从其规定。

第十四条 起草机构在形成规范性文件草案后，应当按照公文办理程序，在提请审议前通过本部门的办公厅（室）转交法制工作机构进行合法性审查，不得以会签、征求意见等形式代替合法性审查。

未经法制工作机构合法性审查或者合法性审查未通过的规范性文件草案，不得提请审议，不得发布实施。

第十五条　起草机构将规范性文件草案转交法制工作机构进行合法性审查时，应当提供以下材料：

（一）规范性文件草案和起草说明（附电子文档）；

（二）制定规范性文件所依据的法律、法规、规章和上级规范性文件；

（三）征求意见情况，包括汇总的主要修改意见和修改意见的采纳情况；

（四）起草机构认为需要提供的其他相关材料。

前款第一项规定的起草说明，应当包括规范性文件的制定目的和依据、起草过程、主要内容、必要性、可行性、合法性、合理性以及对草案主要问题的协调情况、与相关规范性文件衔接情况等事项。

第十六条　法制工作机构应当自收到规范性文件送审材料之日起十个工作日内完成合法性审查工作；需要进一步调查研究或者征求意见的，可以延长十个工作日。

第十七条　规范性文件草案符合法律、法规、规章和上级规范性文件规定，没有违反本规定情形的，法制工作机构应当作出通过合法性审查的意见。

第十八条　规范性文件草案有下列情形之一的，法制工作机构应当提出将其退回起草机构修改的审查意见，并说明理由：

（一）与法律、法规、规章和上级规范性文件相抵触的；

（二）超越制定机关法定职权范围的；

（三）含有行政许可、行政处罚、行政强制、行政征收、行政收费、行政检查等不得由规范性文件设定的事项的；

（四）不符合国家或者上级政策规定的；

（五）存在设置资格、资质以及市场准入条件等违反公平竞争内容的；

（六）有关方面对草案的内容存在较大争议且理由比较充分的；

（七）涉及对同一事项作出重复规定，未对以往同类规范性文件进行整合修改的；

（八）违法设定减损公民、法人和其他组织合法权益或者增加其义务的；

（九）其他需要进行较大修改的情形。

规范性文件草案经起草机构修改后，应当根据本规定要求重新进行合法性审查。

第十九条 相关规范性文件已有规定或者制定规范性文件条件尚不成熟的，法制工作机构可以提出终止制定该规范性文件的审查意见。

第二十条 起草机构对法制工作机构提出的合法性审查意见有异议的，应当与法制工作机构进行沟通。

第二十一条 通过合法性审查的规范性文件草案，由起草机构按照公文办理程序报送本部门主要负责人主持的会议集体审议，集体审议的形式包括但不限于党组（委）会议、部（厅、局）务会议、办公会议。

第二十二条 规范性文件草案经集体审议通过，由起草机构按照公文办理程序报送本部门主要负责人签发；集体审议未通过，需要进行重大修改的，应当在修改后重新征求意见并进行合法性审查。

第二十三条 县级以上国土资源主管部门应当根据《中华人民共和国政府信息公开条例》的规定，通过国土资源公报、政府网站、部门门户网站或者其他形式公开发布新制定的规范性文件。

未向社会公开发布的规范性文件不得作为管理行政相对人的依据。

第二十四条 规范性文件公开发布的同时，起草机构应当负责对其涉及重大政策的决策背景、主要内容、落实措施等进行解读；必要时，可以邀请专家学者、第三方研究机构等，用通俗易懂的语言和易于接受的方式解读，便于社会公众遵照执行。

第二十五条 规范性文件发布后，下级国土资源主管部门、社会公众等对规范性文件的内容存在误读误解，引起重大社会影响的，制定该规范性文件的国土资源主管部门应当通过发布权威信息、召开新闻发布会、接受媒体采访等方式及时进行回应，消除误解和疑虑。

第二十六条 起草机构应当自规范性文件发布之日起五个工作日内，将规范性文件文本、起草说明及其他相关材料（纸质及电子文本各一份）送本部门法制工作机构。

县级以上地方国土资源主管部门应当自规范性文件印发之日起二十个工作日内，将规范性文件报送上一级国土资源主管部门备案。

第二十七条 规范性文件有下列情形之一的，起草机构应当进行解释：

（一）规范性文件的规定需要进一步明确具体含义的；

（二）规范性文件制定后出现新的情况，需要明确适用依据的。

规范性文件的解释程序与规范性文件的制定程序相同。

规范性文件的解释与规范性文件具有同等效力。

第二十八条 县级以上国土资源主管部门应当适时组织第三方评估机构对规范性文件的实施情况进行评估，并将评估结果作为规范性文件继续执行、修改或者废止的依据。

第二十九条 规范性文件有效期届满前六个月，原起草机构应当提出延长有效期、修改或者废止的处理意见。

规范性文件需要继续执行的，应当在其有效期届满前公告延长有效期，延长期限不得超过其最初设定的有效期；规范性文件需要修改的，应当依照本规定在其有效期届满前重新制定发布。

有效期届满，需要废止或者原起草机构未提出处理意见的，规范性文件自动失效。

第三十条 县级以上国土资源主管部门定期组织对本部门制定的规范性文件进行清理。

规范性文件部分内容与现行法律、法规、规章和上级规范性文件不符，但其他部分仍有必要继续执行的，应当进行修改；规范性文件主要内容或者主要措施不符合法律、法规、规章和上级规范性文件规定，或者管理内容、管理对象已经消失不再适用的，应当废止或者宣布失效。

第三十一条 规范性文件清理结束后，国土资源主管部门应当及时公布继续有效、废止和失效的规范性文件目录；未列入继续有效规范性文件目录的，不得作为管理行政相对人的依据。

第三十二条 县级以上国土资源主管部门代本级党委、政府起草规范性文件代拟稿的，参照本规定执行。

第三十三条 县级以上国土资源主管部门应当将规范性文件管理工作纳入绩效管理和依法行政考核指标。

第三十四条 本规定自公布之日起施行。《国土资源管理规范性文件合法性审查办法》（国土资源部令第 36 号）同时废止。

国土资源听证规定

中华人民共和国国土资源部令

第 22 号

《国土资源听证规定》，已经 2003 年 12 月 30 日国土资源部第 12 次部务会议通过，现予公布，自 2004 年 5 月 1 日起施行。

部长

二〇〇四年一月九日

第一章 总 则

第一条 为了规范国土资源管理活动，促进依法行政，提高国土资源管理的科学性和民主性，保护公民、法人和其他组织的合法权益，根据有关法律、法规，制定本规定。

第二条 县级以上人民政府国土资源行政主管部门（以下简称主管部门）依职权或者依当事人的申请组织听证的，适用本规定。

第三条 听证由拟作出行政处罚、行政许可决定，制定规章和规范性文件、实施需报政府批准的事项的主管部门组织。

依照本规定具体办理听证事务的法制工作机构为听证机构；但实施需报政府批准的事项可以由其经办机构作为听证机构。

本规定所称需报政府批准的事项，是指依法由本级人民政府批准后生效但主要由主管部门具体负责实施的事项，包括拟定或者修改基准地价、组织编制或者修改土地利用总体规划和矿产资源规划、拟定或者修改区域性征地补偿标准、拟定拟征地项目的补偿标准和安置方案、拟定非农业建设占用基本农田方案等。

第四条　主管部门组织听证，应当遵循公开、公平、公正和便民的原则，充分听取公民、法人和其他组织的意见，保证其陈述意见、质证和申辩的权利。

依职权组织的听证，除涉及国家秘密外，以听证会形式公开举行，并接受社会监督；依当事人的申请组织的听证，除涉及国家秘密、商业秘密或者个人隐私外，听证公开举行。

第五条　法律、法规和规章规定应当听证的事项，当事人放弃听证权利或者因情况紧急须即时决定的，主管部门不组织听证。

第二章　听证的一规定

第六条　听证参加人包括拟听证事项经办机构的指派人员、听证会代表、当事人及其代理人、证人、鉴定人、翻译等。

第七条　听证一般由一名听证员组织；必要时，可以由三或五名听证员组织。听证员由主管部门指定。

听证设听证主持人，在听证员中产生；但须是听证机构或者经办机构的有关负责人。

记录员由听证主持人指定，具体承担听证准备和听证记录工作。

拟听证事项的具体经办人员，不得作为听证员和记录员；但可以由经办机构办理听证事务的除外。

第八条 在听证开始前，记录员应当查明听证参加人的身份和到场情况，宣布听证纪律和听证会场有关注意事项。

第九条 听证会按下列程序进行：

（一）听证主持人宣布听证开始，介绍听证员、记录员，宣布听证事项和事由，告知听证参加人的权利和义务；

（二）拟听证事项的经办机构提出理由、依据和有关材料及意见；

（三）当事人进行质证、申辩，提出维护其合法权益的事实、理由和依据（听证会代表对拟听证事项的必要性、可行性以及具体内容发表意见和质询）；

（四）最后陈述；

（五）听证主持人宣布听证结束。

第十条 记录员应当将听证的全部活动记入笔录。听证笔录应当载明下列事项，并由听证员和记录员签名：

（一）听证事项名称；

（二）听证员和记录员的姓名、职务；

（三）听证参加人的基本情况；

（四）听证的时间、地点；

（五）听证公开情况；

（六）拟听证事项的理由、依据和有关材料；

（七）当事人或者听证会代表的观点、理由和依据；

（八）延期、中止或者终止的说明；

（九）听证主持人对听证活动中有关事项的处理情况；

（十）听证主持人认为的其他事项。

听证笔录经听证参加人确认无误或者补正后当场签字或者盖章；无正当理由又拒绝签字或者盖章的，记明情况附卷。

第十一条 公开举行的听证会，公民、法人或者其他组织可以申请参加旁听。

第三章 职权的规定

第十二条 有下列情形之一的，主管部门应当组织听证：

（一）拟定或者修改基准地价；

（二）编制或者修改土地利用总体规划和矿产资源规划；

（三）拟定或者修改区域性征地补偿标准。

有下列情形之一的，直接涉及公民、法人或者其他组织的重大利益的，主管部门根据需要组织听证：

（一）制定规章和规范性文件；

（二）主管部门规定的其他情形。

第十三条 主管部门对本规定第十二条规定的事项举行听证的，应当在举行听证会 30 日前，向社会公告听证会的时间、地点、内容和申请参加听证会须知。

第十四条 符合主管部门规定条件的公民、法人和其他组织，均可申请参加听证会，也可推选代表参加听证会。

主管部门根据拟听证事项与公民、法人和其他组织的申请情况，指定听证会代表；指定的听证会代表应当具有广泛性、代表性。

公民、法人和其他组织推选的代表，符合主管部门条件的，应当优先被指定为听证会代表。

第十五条 听证机构应当在举行听证会的 10 个工作日前将听证会材料送达听证会代表。

第十六条 听证会代表应当亲自参加听证，并有权对拟听证事项的必要性、可行性以及具体内容发表意见和质询，查阅听证纪要。

听证会代表应当忠于事实，实事求是地反映所代表的公民、法人和其他组织的意见，遵守听证纪律，保守国家秘密。

第十七条 听证机构应当在举行听证会后 7 个工作日内，根据听证笔录制作包括下列内容的听证纪要：

（一）听证会的基本情况；

（二）听证事项的说明；

（三）听证会代表的意见陈述；

（四）听证事项的意见分歧；

（五）对听证会意见的处理建议。

第十八条 主管部门应当参照听证纪要依法制定规章和规范性文件；在报批拟定或者修改的基准地价、编制或者修改的土地利用总体规划和矿产资源规划、拟定或者修改的区域性征地补偿标准时，应当附具听证纪要。

第四章 申请的规定

第十九条 有下列情形之一的，主管部门在报批之前，应当书面告知当事人有要求举行听证的权利：

（一）拟定拟征地项目的补偿标准和安置方案的；

（二）拟定非农业建设占用基本农田方案的。

有下列情形之一的，主管部门在作出决定之前，应当书面告知当事人有要求举行听证的权利：

（一）较大数额罚款、责令停止违法勘查或者违法开采行为、吊销勘查许可证或者采矿许可证等行政处罚的；

（二）国有土地使用权、探矿权、采矿权的许可直接涉及申请人与他人之间重大利益关系的；

（三）法律、法规或者规章规定的其他情形。

第二十条 当事人对本规定第十九条规定的事项要求听证的，主管部门应当组织听证。

第二十一条 当事人应当在告知后 5 个工作日内向听证机构提

出书面申请，逾期未提出的，视为放弃听证；但行政处罚听证的时限为 3 个工作日。放弃听证的，应当书面记载。

第二十二条 当事人可以委托一至二名代理人参加听证，收集、提供相关材料和证据，进行质证和申辩。

第二十三条 听证的书面申请包括以下内容：

（一）当事人的姓名、地址（法人或者其他组织的名称、地址、法定代表人）；

（二）申请听证的具体事项；

（三）申请听证的依据、理由。

申请听证的，应当同时提供相关材料。

第二十四条 听证机构收到听证的书面申请后，应当对申请材料进行审查；申请材料不齐备的，应当一次告知当事人补正。

有下列情形之一的，不予受理：

（一）提出申请的不是听证事项的当事人或者其代理人的；

（二）在告知后超过 5 个工作日提出听证的；

（三）其他不符合申请听证条件的。

不予受理的，主管部门应当书面告知当事人不予听证。

第二十五条 听证机构审核后，对符合听证条件的，应当制作《听证通知书》，并在听证的 7 个工作日前通知当事人和拟听证事项的经办机构。

《听证通知书》应当载明下列事项：

（一）听证的事由与依据；

（二）听证的时间、地点；

（三）听证员和记录员的姓名、职务；

（四）当事人、拟听证事项的经办机构的权利和义务；

（五）注意事项。

第二十六条 当事人在接到《听证通知书》后，应当准时到场；无正当理由不到场的，或者未经听证主持人允许中途退场的，视为放弃听证。放弃听证的，记入听证笔录。

第二十七条 拟听证事项的经办机构在接到《听证通知书》后，应当指派人员参加听证，不得放弃听证。

第二十八条 当事人认为听证员、记录员与拟听证事项有利害关系可能影响公正的，有权申请回避，并说明理由。

听证主持人的回避由主管部门决定。听证员、记录员的回避，由听证主持人决定。

第二十九条 有下列情形之一的，可以延期举行听证：

（一）因不可抗力的事由致使听证无法按期举行的；

（二）当事人申请延期，有正当理由的；

（三）可以延期的其他情形。

延期听证的，主管部门应当书面通知听证参加人。

第三十条 有下列情形之一的，中止听证：

（一）听证主持人认为听证过程中提出新的事实、理由和依据或者提出的事实有待调查核实的；

（二）申请听证的公民死亡、法人或者其他组织终止，尚未确定权利、义务承受人的；

（三）应当中止听证的其他情形。

中止听证的，主管部门应当书面通知听证参加人。

第三十一条 延期、中止听证的情形消失后，由主管部门决定恢复听证，并书面通知听证参加人。

第三十二条 有下列情形之一的，终止听证：

（一）有权申请听证的公民死亡，没有继承人，或者继承人放弃听证权利的；

（二）有权申请听证的法人或者其他组织终止，承受其权利的法人或者组织放弃听证权利的；

（三）当事人在听证过程中声明退出的；

（四）当事人在告知后明确放弃听证权利或者被视为放弃听证权利的；

（五）需要终止听证的其他情形。

第三十三条　主管部门应当根据听证笔录，作出行政许可决定，依法作出行政处罚决定；在报批拟定的拟征地项目的补偿标准和安置方案、非农业建设占用基本农田方案时，应当附具听证笔录。

第五章　法律责任

第三十四条　法律、法规和规章规定应当听证的事项，当事人要求听证而未组织的，对直接负责的主管人员和其他直接责任人员依法给予行政处分。

第三十五条　主管部门的拟听证事项经办机构指派人员、听证员、记录员在听证时玩忽职守、滥用职权、徇私舞弊的，依法给予行政处分；构成犯罪的，依法追究刑事责任。

第六章　附　则

第三十六条　组织听证不得向当事人收取或者变相收取任何费用。

组织听证所需经费列入主管部门预算。听证机构组织听证必需的场地、设备、工作条件，主管部门应当给予保障。

第三十七条　主管部门办理行政复议，受委托起草法律、法规或者政府规章草案时，组织听证的具体程序参照本规定执行。

第三十八条　本规定自 2004 年 5 月 1 日起施行。

国土资源行政复议规定

国土资源行政复议规定

中华人民共和国国土资源部令

第 76 号

《国土资源行政复议规定》已经 2017 年 11 月 20 日国土资源部第 3 次部务会议审议通过，现予以公布，自 2018 年 1 月 1 日起施行。

国土资源部部长

2017 年 11 月 21 日

（2001 年 6 月 28 日国土资源部第 5 次部务会议通过，2009 年 11 月 5 日国土资源部第 12 次部务会议修订，2017 年 11 月 20 日国土资源部第 3 次部务会议第二次修订）

第一条 为规范国土资源行政复议工作，化解国土资源行政争议，维护公民、法人和其他组织的合法权益，推进法治国土建设，根据《中华人民共和国行政复议法》和《中华人民共和国行政复议法实施条例》，制定本规定。

第二条　县级以上国土资源主管部门依法办理行政复议案件，履行行政复议决定，指导和监督行政复议工作，适用本规定。

第三条　国土资源部对全国国土资源行政复议工作进行指导和监督。

市级以上地方国土资源主管部门对下级国土资源主管部门的行政复议工作进行指导和监督。

第四条　本规定所称行政复议机关，是指根据法律、行政法规规定履行行政复议职责的国土资源主管部门。

本规定所称行政复议机构，是指国土资源主管部门的法制工作机构或者专门承办行政复议事项的机构。

行政复议机关可以委托所属事业单位承担有关行政复议的事务性工作。

第五条　行政复议机关可以根据工作需要设立行政复议委员会，审议重大、疑难行政复议案件，研究行政复议工作中的重大问题。

第六条　从事国土资源行政复议工作的人员，应当具备与履行职责相适应的政治素质、法治素养和业务能力，忠于宪法和法律，清正廉洁，恪尽职守。

第七条　行政复议机关应当依照有关规定配备专职行政复议人员，并定期组织培训，保障其每年参加专业培训的时间不少于三十六个学时。

行政复议机关应当保障行政复议工作经费、装备和其他必要的工作条件。

第八条　行政复议机关应当定期对行政复议工作情况、行政复议决定履行情况以及典型案例等进行统计、分析、通报，并将有关情况向上一级国土资源主管部门报告。

行政复议机关应当建立行政复议信息管理系统，提高案件办理、卷宗管理、统计分析、便民服务的信息化水平。

第九条 县级以上国土资源主管部门应当依法及时履行国土资源法定职责，维护公民、法人和其他组织的合法权益，从源头上预防和减少国土资源行政争议。

县级以上国土资源主管部门应当将行政复议工作情况纳入法治国土建设考核，考核结果作为评价领导班子、评先表彰、干部使用的重要依据。

第十条 行政复议机构统一受理行政复议申请。

行政复议机关的其他机构收到行政复议申请的，应当自收到之日起2个工作日内将申请材料转送行政复议机构。

行政复议机构应当对收到的行政复议申请进行登记。

第十一条 除法律法规规定的形式外，申请人还可以通过行政复议机关开通的电子邮件、门户网站、官方微信等渠道提出行政复议申请。

未按照前款规定形式提出行政复议申请的，自行政复议机构实际收到行政复议申请书之日起算期限。

第十二条 行政复议机构收到申请人提出批评、意见、建议、控告、检举、投诉等信访请求的，应当将相关材料转交信访工作机构等处理，告知申请人并做好记录。

第十三条 行政复议申请材料不齐全、表述不清楚或者不符合法定形式的，行政复议机构应当在收到该行政复议申请书之日起5个工作日内，书面通知申请人一次性补正。

补正通知书应当载明下列事项：

（一）行政复议申请书中需要更改、补充的具体内容；

（二）需要补正的材料、证据；

（三）合理的补正期限；

（四）无正当理由逾期未补正的法律后果。

行政复议审理期限自行政复议机构收到补正材料之日起算。

无正当理由逾期未提交补正材料的，视为申请人放弃行政复议申请。

第十四条 直辖市、其他设区的市国土资源主管部门的派出机构作出的政府信息公开、投诉举报处理等行政行为，当事人不服申请行政复议的，由设立该派出机构的国土资源主管部门受理。

其他国土资源主管部门收到行政复议申请的，应当自收到之日起7个工作日内，转送前款规定有权处理的行政复议机关，并告知申请人。

受转送的行政复议机关应当依法办理，不得再自行转送。

第十五条 行政复议申请符合法定受理条件的，行政复议机关应当受理。

有下列情形之一的，行政复议机关不予受理：

（一）未按照本规定第十三条规定的补正通知要求提供补正材料的；

（二）对下级国土资源主管部门作出的行政复议决定或者行政复议告知不服，申请行政复议的；

（三）其他不符合法定受理条件的。

对以基本相同的事实和理由重复提出同一行政复议申请的，行政复议机关不再重复处理。

第十六条 对政府信息公开答复不服申请行政复议，有下列情形之一的，被申请人已经履行法定告知义务或者说明理由的，行政复议机关可以驳回行政复议申请：

（一）因申请内容不明确，国土资源主管部门告知申请人作出更改、补充，且对其权利义务不产生实际影响的；

（二）以政府信息公开申请的形式进行咨询、查询不动产登记资料、查阅行政程序中的案卷材料，国土资源主管部门告知申请人应当按照相关法律法规规定办理的；

（三）要求提供已经主动公开的政府信息，或者要求公开申请人已经知晓的政府信息，国土资源主管部门依法作出处理、答复的；

（四）要求国土资源主管部门制作、搜集政府信息和对已有政府信息进行汇总、分析、加工等，国土资源主管部门依法作出处理、答复的；

（五）法律、行政法规规定的其他情形。

符合前款规定情形的，在审查过程中可以不要求被申请人提供书面答复及证据、依据。

第十七条 对投诉、举报、检举和反映问题等事项的处理不服申请行政复议，属于下列情形之一的，行政复议机构应当进行审查：

（一）信访处理意见、复查意见、复核意见，或者未履行信访法定职责的行为；

（二）履行层级监督职责作出的处理、答复，或者未履行该职责的行为；

（三）履行内部监督职责作出的处理、答复，或者未履行该职责的行为；

（四）对明显不具有事务、地域或者级别管辖权的投诉举报事项作出的处理、答复，或者未作处理、答复的行为；

（五）未设定申请人权利义务的重复处理行为、说明性告知行为及过程性行为。

经审查，前款规定的行为未对申请人的实体权利义务产生不利影响，且国土资源主管部门已经将处理情况予以告知的，行政复议机构可以告知申请人依法直接对具有明确管辖权的国土资源主管部门的行政行为申请行政复议或者提起行政诉讼。

第十八条 行政复议机构应当自受理行政复议申请之日起7个工作日内，向被申请人发出答复通知书，并将行政复议申请书副本或者申请笔录复印件一并发送被申请人。

第十九条 行政复议机构认为申请人以外的公民、法人或者其他组织与被复议的行政行为有利害关系的，可以通知其作为第三人参加行政复议。

申请人以外的公民、法人或者其他组织也可以向行政复议机构提出申请，并提交有利害关系的证明材料，经审查同意后作为第三人参加行政复议。

第二十条 国土资源部为被申请人的，由行政行为的原承办机构提出书面答复，报分管部领导审定。

地方国土资源主管部门为被申请人的，由行政行为的原承办机构提出书面答复，报本部门负责人签发，并加盖本部门印章。

难以确定行政复议答复承办机构的，由本部门行政复议机构确定。承办机构有异议的，由行政复议机构报本部门负责人确定。

行政行为的原承办机构应当指定1至2名代理人参加行政复议。

第二十一条 行政复议机关因维持被申请人作出的行政行为被共同提起诉讼的，被申请人应当指定作出行政行为的承办机构或者法制工作机构与立案的人民法院联系，并及时与行政复议机关的应诉承办机构沟通。

第二十二条 被申请人应当自收到答复通知书之日起10日内，提交行政复议答复书。

行政复议答复书应当载明下列事项：

（一）被申请人的名称、地址、法定代表人的姓名、职务；

（二）委托代理人的姓名、单位、职务、联系方式；

（三）作出行政行为的事实和有关证据；

（四）作出行政行为依据的法律、法规、规章和规范性文件的具体条款和内容；

（五）对申请人复议请求的意见和理由；

（六）作出答复的日期。

第二十三条 除本规定第二十二条规定的行政复议答复书外，被申请人还应当一并提交作出原行政行为的证据、依据和其他有关材料。

被申请人应当对其提交的证据材料分类编号，对证据材料的来源、证明对象和内容作简要说明。涉及秘密内容的，应当作出明确标识。

第二十四条 行政复议机关应当为申请人、第三人及其代理人查阅案卷材料提供必要的便利条件。

申请人、第三人及其代理人申请查阅行政复议案卷，应当出示身份证件及授权委托书，行政复议机构工作人员应当在场。

第二十五条 对受理的行政复议案件，行政复议机构可以根据案件审理的需要，征求本行政复议机关相关机构的意见。

相关机构应当按照本机构职责范围，按期对行政复议案件提出明确意见，并说明理由。

第二十六条 行政复议案件原则上实行书面审理。

必要时，行政复议机构可以采取实地调查、行政复议案件审查会、行政复议案件听证会等方式审理，就法律适用问题组织专家论证。

涉及标的数额较大、法律关系复杂、可能对国土资源行政执法标准产生重大影响的行政复议案件，行政复议机构应当提请行政复议委员会审议。

第二十七条 对国土资源主管部门作出的同一或者内容基本相同的行政行为，提出多个行政复议申请的，行政复议机构可以合并审理。

已经作出过行政复议决定，其他申请人以基本相同的事实和理由，对同类行政行为再次提出行政复议申请的，行政复议机构可以快速审理，适当简化答复程序。

第二十八条 行政复议期间有下列情形之一的，行政复议中止：

（一）双方当事人提出协商解决申请，可以实质性解决纠纷，维护申请人合法权益的；

（二）申请人长期、反复提起大量行政复议申请，不以保护自身合法权益为目的，扰乱行政管理秩序的；

（三）法律、行政法规规定需要中止审理的其他情形。

属于本条第一款第一项规定情形的，双方当事人应当明确协商解决的期限。期限届满仍未能协商解决的，案件恢复审理。

属于本条第一款第二项规定情形，情节严重的，行政复议机关应当及时向有关国家机关通报。

第二十九条 行政复议机关作出行政复议决定，应当制作行政复议决定书。

行政复议决定书应当符合法律、行政法规的规定，并加盖行政复议机关的印章或者行政复议专用章。

行政复议决定书应当载明申请人不服行政复议决定向人民法院提起诉讼或者向国务院申请裁决的权利和期限。

第三十条 符合下列条件，行政复议机关可以在行政复议决定书中对被申请人予以指正，作出驳回复议申请或者维持原行政行为的决定：

（一）被复议行政行为的处理结果正确；

（二）不损害申请人的实体性权益；

（三）在事实认定、引用依据、证据提交方面存在非实质性瑕疵，且情节轻微的。

被申请人应当在收到行政复议决定书之日起 60 日内，向行政复议机关作出书面说明，并报告改正情况。

行政复议机关应当将被申请人的改正情况告知申请人。

第三十一条 行政复议机关在行政复议过程中，发现被申请人相关行政行为的合法性、合理性存在问题，或者需要做好善后工作的，可以制发行政复议意见书，向被申请人指出存在的问题，提出整改要求。

被申请人应当在收到行政复议意见书之日起 60 日内完成整改工作，并将整改情况书面报告行政复议机关。

被申请人拒不整改或者整改达不到要求，情节严重的，行政复议机关应当报告有关国家机关依法处理。

第三十二条 行政复议案件审结后，案件承办人员应当及时将案件材料立卷归档。

第三十三条 行政复议机关应当将接收行政复议申请的渠道、行政复议申请受理情况等信息在本机关门户网站、官方微信等媒体上向社会公开。

推行行政复议决定书网上公开，加强社会对行政复议决定履行情况的监督。

第三十四条 被申请人应当在法定期限内履行生效的行政复议决定。

法律法规规章未规定履行期限的，被申请人应当依照下列规定履行，但因不可抗力或者申请人、第三人的原因导致无法按期履行的除外：

（一）行政复议决定对履行期限作出明确规定的，从其规定；

（二）行政复议决定对履行期限未作出明确规定的，自收到行政复议决定书之日起 60 日内完成。

第三十五条　行政复议决定履行期满，被申请人不履行行政复议决定的，申请人可以向行政复议机关提出责令履行申请。

第三十六条　行政复议机关收到责令履行申请书，应当向被申请人进行调查或者核实，依照下列规定办理：

（一）被申请人已经履行行政复议决定，并将履行情况相关法律文书送达申请人的，应当联系申请人予以确认，并做好记录；

（二）被申请人已经履行行政复议决定，但尚未将履行情况相关法律文书送达申请人的，应当督促被申请人将相关法律文书送达申请人；

（三）被申请人逾期未履行行政复议决定的，应当书面通知被申请人。

属于本条第一款第二项规定情形的，被申请人应当将相关法律文书送达情况及时报告行政复议机关。

属于本条第一款第三项规定情形，被申请人决定履行行政复议决定的，应当在收到书面通知之日起 60 日内履行完毕，并书面报告行政复议机关。被申请人认为没有条件履行的，应当说明理由并提供相关证据、依据。

第三十七条　经审查，符合下列条件之一的，行政复议机关可以决定被申请人中止履行行政复议决定：

（一）有新的事实和证据，足以影响行政复议决定履行的；

（二）行政复议决定履行需要以其他案件的审理结果为依据，而其他案件尚未审结的；

（三）被申请人与申请人达成中止履行协议，双方提出中止履行申请的；

（四）因不可抗力等其他原因需要中止履行的。

前款第三项所称的中止履行协议不得损害国家利益、社会公共利益和他人的合法权益。

第三十八条 按照本规定第三十七条规定决定中止履行行政复议决定的，行政复议机关应当向当事人发出行政复议决定中止履行通知书。

行政复议决定中止履行通知书应当载明中止履行的理由和法律依据。中止履行期间，不计算在履行期限内。

中止履行的情形消除后，行政复议机关应当向当事人发出行政复议决定恢复履行通知书。

第三十九条 经审查，被申请人不履行行政复议决定的理由不成立的，行政复议机关应当作出责令履行行政复议决定通知书，并送达被申请人。

第四十条 被责令重新作出行政行为的，被申请人不得以同一事实和理由作出与原行政行为相同或者基本相同的行为，但因违反法定程序被责令重新作出行政行为的除外。

第四十一条 行政复议机关及其工作人员违反本规定，有下列情形之一的，责令限期改正；造成不良后果的，责令作出书面检查、通报批评；情节严重的，依法给予处分：

（一）未登记行政复议申请，导致记录不全或者遗漏的；

（二）未按时将行政复议申请转交行政复议机构的；

（三）未保障行政复议当事人、代理人阅卷权的；

（四）未妥善保管案卷材料，或者未按要求将行政复议案卷归档，导致案卷不全或者遗失的；

（五）未对收到的责令履行申请书进行调查核实的；

（六）未履行行政复议职责，导致矛盾上交或者激化的。

第四十二条 被申请人及其工作人员违反本规定，有下列情形之一的，依法给予处分：

（一）不提出行政复议答复或者无正当理由逾期答复的；

（二）不提交作出原行政行为的证据、依据和其他有关材料的；

（三）不配合行政复议机关开展行政复议案件审理工作的；

（四）不配合行政复议机关调查核实行政复议决定履行情况的；

（五）不履行或者无正当理由拖延履行行政复议决定的；

（六）不与行政复议机关在共同应诉工作中沟通、配合，导致不良后果的；

（七）对收到的行政复议意见书不予书面答复或者逾期作出答复的。

第四十三条 申请人违反本规定，有下列情形之一，情节严重的，移送公安机关依照治安管理相关规定处理：

（一）拒绝或者阻挠行政复议人员调查取证、查阅、复制、调取有关文件和资料的；

（二）不以保护自身合法权益为目的，在行政复议申请中蓄意滋扰行政机关，恶意消耗行政资源，严重扰乱行政管理秩序的；

（三）有其他违反本规定行为的。

第四十四条 国土资源主管部门及其工作人员违反本规定，在行政复议工作中玩忽职守、滥用职权、徇私舞弊，涉嫌犯罪的，移交有关国家机关，依法追究刑事责任。

第四十五条 本规定自 2018 年 1 月 1 日起施行。《国土资源行政复议决定履行与监督规定》同时废止。

国土资源行政处罚办法

中华人民共和国国土资源部令

第 60 号

《国土资源行政处罚办法》已经 2014 年 4 月 10 日国土资源部第 2 次部务会议审议通过，现予以发布，自 2014 年 7 月 1 日起施行。

部长

2014 年 5 月 7 日

第一章 总 则

第一条 为规范国土资源行政处罚的实施，保障和监督国土资源主管部门依法履行职责，保护自然人、法人或者其他组织的合法权益，根据《中华人民共和国行政处罚法》以及《中华人民共和国土地管理法》、《中华人民共和国矿产资源法》等国土资源管理法律法规，制定本办法。

第二条 县级以上土地资源主管部门依照法定职权和程序，对自然人、法人或者其他组织违反国土资源管理法律法规的行为实施行政处罚，适用本办法。

第三条　国土资源主管部门实施行政处罚，遵循公正、公开的原则，做到事实清楚，证据确凿，定性准确，依据正确，程序合法，处罚适当。

第四条　国土资源行政处罚包括：

（一）警告；

（二）罚款；

（三）没收违法所得、没收非法财物；

（四）限期拆除；

（五）吊销勘查许可证和采矿许可证；

（六）法律法规规定的其他行政处罚。

第二章　管　辖

第五条　国土资源违法案件由土地、矿产资源所在地的县级国土资源主管部门管辖，但法律法规以及本办法另有规定的除外。

第六条　省级、市级国土资源主管部门管辖本行政区域内重大、复杂和法律法规规定应当由其管辖的国土资源违法案件。

第七条　国土资源部管辖全国范围内重大、复杂和法律法规规定应当由其管辖的国土资源违法案件。

第八条　有下列情形之一的，上级国土资源主管部门有权管辖下级国土资源主管部门管辖的案件：

（一）下级国土资源主管部门应当立案调查而不予立案调查的；

（二）案情复杂，情节恶劣，有重大影响的。

上级国土资源主管部门可以将本级管辖的案件交由下级国土资源主管部门管辖，但是法律法规规定应当由其管辖的除外。

第九条　有管辖权的国土资源主管部门由于特殊原因不能行使管辖权的，可以报请上一级国土资源主管部门指定管辖。

国土资源主管部门之间因管辖权发生争议的，报请共同的上一级国土资源主管部门指定管辖。

上一级国土资源主管部门应当在接到指定管辖申请之日起七个工作日内，作出管辖决定。

第十条　国土资源主管部门发现违法案件不属于本部门管辖的，应当移送有管辖权的国土资源主管部门或者其他部门。受移送的国土资源主管部门对管辖权有异议的，应当报请上一级国土资源主管部门指定管辖，不得再自行移送。

第三章　立案、调查和审理

第十一条　国土资源主管部门发现自然人、法人或者其他组织行为涉嫌违法的，应当及时核查。对正在实施的违法行为，应当依法及时下达《责令停止违法行为通知书》予以制止。

《责令停止违法行为通知书》应当记载下列内容：

（一）违法行为人的姓名或者名称；

（二）违法事实和依据；

（三）其他应当记载的事项。

第十二条　符合下列条件的，国土资源主管部门应当在十个工作日内予以立案：

（一）有明确的行为人；

（二）有违反国土资源管理法律法规的事实；

（三）依照国土资源管理法律法规应当追究法律责任；

（四）属于本部门管辖；

（五）违法行为没有超过追诉时效。

违法行为轻微并及时纠正，没有造成危害后果的，可以不予立案。

第十三条 立案后，国土资源主管部门应当指定案件承办人员，及时组织调查取证。调查取证时，案件调查人员应当不少于二人，并应当向被调查人出示执法证件。

第十四条 调查人员与案件有直接利害关系的，应当回避。

第十五条 国土资源主管部门进行调查取证，有权采取下列措施：

（一）要求被调查的单位或者个人提供有关文件和资料，并就与案件有关的问题作出说明；

（二）询问当事人以及相关人员，进入违法现场进行检查、勘测、拍照、录音、摄像，查阅和复印相关材料；

（三）依法可以采取的其他措施。

第十六条 当事人拒绝调查取证或者采取暴力、威胁的方式阻碍国土资源主管部门调查取证的，国土资源主管部门可以提请公安机关、检察机关、监察机关或者相关部门协助，并向本级人民政府或者上一级国土资源主管部门报告。

第十七条 依法取得并能够证明案件事实情况的书证、物证、视听资料、计算机数据、证人证言、当事人陈述、询问笔录、现场勘测笔录、鉴定结论、认定结论等，作为国土资源行政处罚的证据。

第十八条 调查人员应当收集、调取与案件有关的书证、物证、视听资料、计算机数据的原件、原物、原始载体；收集、调取原件、原物、原始载体确有困难的，可以收集、调取复印件、复制件、节录本、照片、录像等。声音资料应当附有该声音内容的文字记录。

第十九条 证人证言应当符合下列要求：

（一）注明证人的姓名、年龄、性别、职业、住址、联系方式等基本情况；

（二）有证人的签名，不能签名的，应当按手印或者盖章；

（三）注明出具日期；

（四）附有居民身份证复印件等证明证人身份的文件。

第二十条 当事人请求自行提供陈述材料的，应当准许。必要时，调查人员也可以要求当事人自行书写。当事人应当在其提供的陈述材料上签名、按手印或者盖章。

第二十一条 询问应当个别进行，并制作询问笔录。询问笔录应当记载询问的时间、地点和询问情况等。

第二十二条 现场勘测一般由案件调查人实施，也可以委托有资质的单位实施。现场勘测应当制作现场勘测笔录。

第二十三条 为查明事实，需要对案件中的有关问题进行检验鉴定的，国土资源主管部门可以委托具有相应资质的机构进行。

第二十四条 案件调查终结，案件承办人员应当提交调查报告。调查报告应当包括当事人的基本情况、违法事实以及法律依据、相关证据、违法性质、违法情节、违法后果，并提出依法应当不予行政处罚或者给予行政处罚以及给予何种行政处罚的处理意见。

涉及需要追究党纪、政纪或者刑事责任的，应当提出移送有权机关的建议。

第二十五条 国土资源主管部门在审理案件调查报告时，应当就下列事项进行审理：

（一）事实是否清楚、证据是否确凿；

（二）定性是否准确；

（三）适用法律是否正确；

（四）程序是否合法；

（五）拟定的处理意见是否适当。

经审理发现调查报告存在问题的，可以要求调查人员重新调查或者补充调查。

第四章　决　定

第二十六条　审理结束后，国土资源主管部门根据不同情况，分别作出下列决定：

（一）违法事实清楚、证据确凿、依据正确、调查审理符合法定程序的，作出行政处罚决定；

（二）违法情节轻微、依法可以不给予行政处罚的，不予行政处罚；

（三）违法事实不成立的，不得给予行政处罚；

（四）违法行为涉及需要追究党纪、政纪或者刑事责任的，移送有权机关。

第二十七条　违法行为依法需要给予行政处罚的，国土资源主管部门应当制作《行政处罚告知书》，按照法律规定的方式，送达当事人。当事人有权进行陈述和申辩。陈述和申辩应当在收到《行政处罚告知书》后三个工作日内提出。口头形式提出的，案件承办人员应当制作笔录。

第二十八条　对拟给予较大数额罚款或者吊销勘查许可证、采矿许可证等行政处罚的，国土资源主管部门应当制作《行政处罚听证告知书》，按照法律规定的方式，送达当事人。当事人要求听证的，应当在收到《行政处罚听证告知书》后三个工作日内提出。

国土资源行政处罚听证适用《国土资源听证规定》。

第二十九条　当事人未在规定时间内陈述、申辩或者要求听证的，以及陈述、申辩或者听证中提出的事实、理由或者证据不成立的，国土资源主管部门应当依法制作《行政处罚决定书》，并按照法律规定的方式，送达当事人。

《行政处罚决定书》中应当包括行政处罚告知、当事人陈述、申辩或者听证的情况。

《行政处罚决定书》一经送达，即发生法律效力。当事人对行政处罚决定不服申请行政复议或者提起行政诉讼的，在行政复议或者行政诉讼期间，行政处罚决定不停止执行；法律另有规定的除外。

《行政处罚决定书》应当加盖作出处罚决定的国土资源主管部门的印章。

第三十条 法律法规规定的责令改正或者责令限期改正，可以与行政处罚决定一并作出，也可以在作出行政处罚决定之前单独作出。

第三十一条 当事人有两个以上国土资源违法行为的，国土资源主管部门可以制作一份《行政处罚决定书》，合并执行。《行政处罚决定书》应当明确对每个违法行为的处罚内容和合并执行的内容。

违法行为有两个以上当事人的，可以分别作出行政处罚决定，制作一式多份《行政处罚决定书》，分别送达当事人。行政处罚决定书应当明确给予每个当事人的处罚内容。

第三十二条 国土资源主管部门应当自立案之日起六十日内作出行政处罚决定。

案情复杂，不能在规定期限内作出行政处罚决定的，经本级国土资源主管部门负责人批准，可以适当延长，但延长期限不得超过三十日，案情特别复杂的除外。

第五章 执 行

第三十三条 行政处罚决定生效后，当事人逾期不履行的，国土资源主管部门除采取法律法规规定的措施外，还可以采取以下措施：

（一）向本级人民政府和上一级国土资源主管部门报告；

（二）向当事人所在单位或者其上级主管部门通报；

（三）向社会公开通报；

（四）停止办理或者告知相关部门停止办理当事人与本案有关的许可、审批、登记等手续。

第三十四条 国土资源主管部门申请人民法院强制执行前，有充分理由认为被执行人可能逃避执行的，可以申请人民法院采取财产保全措施。

第三十五条 国土资源主管部门作出没收矿产品、建筑物或者其他设施的行政处罚决定后，应当在行政处罚决定生效后九十日内移交同级财政部门处理，或者拟订处置方案报本级人民政府批准后实施。法律法规另有规定的，从其规定。

第三十六条 国土资源主管部门申请人民法院强制执行前，应当催告当事人履行义务。

当事人在法定期限内不申请行政复议或者提起行政诉讼，又不履行的，国土资源主管部门可以自期限届满之日起三个月内，向土地、矿产资源所在地有管辖权的人民法院申请强制执行。

第三十七条 国土资源主管部门向人民法院申请强制执行，应当提供下列材料：

（一）《强制执行申请书》；

（二）《行政处罚决定书》及作出决定的事实、理由和依据；

（三）当事人的意见及催告情况；

（四）申请强制执行标的情况；

（五）法律法规规定的其他材料。

《强制执行申请书》应当加盖国土资源主管部门的印章。

第三十八条 符合下列条件之一的，经国土资源主管部门负责人批准，案件结案：

（一）执行完毕的；

（二）终结执行的；

（三）已经依法申请人民法院强制执行的；

（四）其他应当结案的情形。

涉及需要移送有关部门追究党纪、政纪或者刑事责任的，应当在结案前移送。

第六章　监督管理

第三十九条　国土资源主管部门应当通过定期或者不定期检查等方式，加强对下级国土资源主管部门实施行政处罚工作的监督，其中要将发现制止违法、依法履行行政处罚职责等情况作为监督检查的重点内容。

第四十条　国土资源主管部门应当建立重大违法案件公开通报制度，将案情和处理结果向社会公开通报并接受社会监督。

第四十一条　国土资源主管部门应当建立重大违法案件挂牌督办制度，明确提出办理要求，公开督促下级国土资源主管部门限期办理并接受社会监督。

第四十二条　国土资源主管部门应当建立违法案件统计制度。下级国土资源主管部门应当定期将本行政区域内的违法形势分析、案件发生情况、查处情况等逐级上报。

第四十三条　国土资源主管部门应当建立国土资源违法案件错案追究制度。行政处罚决定错误并造成严重后果的，作出处罚决定的机关应当承担相应的责任。

第四十四条　国土资源主管部门应当配合有关部门加强对行政处罚实施过程中的社会稳定风险防控。

第七章　法律责任

第四十五条　县级以上国土资源主管部门直接负责的主管人员和其他直接责任人员，违反本办法规定，有下列情形之一，致使公民、法人或者其他组织的合法权益、公共利益和社会秩序遭受损害的，应当依法给予处分：

（一）对违法行为未依法制止的；

（二）应当依法立案查处，无正当理由未依法立案查处的；

（三）在制止以及查处违法案件中受阻，依照有关规定应当向本级人民政府或者上级国土资源主管部门报告而未报告的；

（四）应当依法进行行政处罚而未依法处罚的；

（五）应当依法申请强制执行、提出行政处分建议或者移送有权机关追究党纪、政纪或者刑事责任，而未依法申请强制执行、提出行政处分建议、移送有权机关的；

（六）其他徇私枉法、滥用职权、玩忽职守的情形。

第八章　附　则

第四十六条　国土资源行政处罚法律文书格式，由国土资源部统一制定。

第四十七条　本办法自 2014 年 7 月 1 日起施行。原地质矿产部 1993 年 7 月 19 日发布的《违反矿产资源法规行政处罚办法》和原国家土地管理局 1995 年 12 月 18 日发布的《土地违法案件查处办法》同时废止。

附　录

国土资源行政应诉规定

中华人民共和国国土资源部令

第 71 号

《国土资源行政应诉规定》已经 2017 年 5 月 2 日国土
资源部第 1 次部务会议审议通过，现予以公布，自公布之
日起施行。

部长

2017 年 5 月 8 日

第一条　为规范国土资源行政应诉工作，保护公民、法人和其
他组织的合法权益，全面推进法治国土建设，根据《中华人民共和
国行政诉讼法》等法律法规和国务院有关规定，结合国土资源管理
工作实际，制定本规定。

第二条　国土资源主管部门依法参加行政诉讼活动，适用本
规定。

第三条　国土资源主管部门应当积极支持人民法院依法受理和
审理行政诉讼案件，依法履行出庭应诉职责，尊重并执行人民法院
生效裁判，自觉接受司法监督。

第四条　国土资源主管部门的法制工作机构负责组织、协调和指导本部门的行政应诉工作。

国土资源主管部门作出被诉行政行为的工作机构为应诉承办机构，负责承办相应的行政应诉工作。

第五条　国土资源主管部门收到人民法院的应诉通知书后，由法制工作机构负责统一登记。其他工作机构收到应诉通知书的，应当于收到应诉通知书的当日转交法制工作机构。

第六条　国土资源主管部门应当依照下列规定确定应诉承办机构，并将应诉通知书及相关材料转交应诉承办机构办理：

（一）被诉的行政行为未经复议的，作出该行政行为的业务工作机构为应诉承办机构；

（二）被诉的行政行为经复议维持的，作出该行政行为的业务工作机构和办理行政复议事项的法制工作机构为应诉承办机构。业务工作机构负责对原行政行为的合法性进行举证和答辩，法制工作机构负责对复议程序的合法性进行举证和答辩；

（三）被诉的行政行为经复议改变的，办理行政复议事项的法制工作机构为应诉承办机构，业务工作机构协助办理。

经国土资源主管部门负责人同意，应诉承办机构可以通知与被诉行政行为有关的其他工作机构参与应诉工作。

依照本条第一款规定难以确定应诉承办机构的，由法制工作机构提出处理意见，报请国土资源主管部门负责人确定。

第七条　国土资源主管部门可以委托所属事业单位承担有关行政应诉的事务性工作。

第八条　应诉承办机构应当按照人民法院应诉通知书的要求，及时收集整理作出被诉行政行为的证据、依据和其他有关材料，拟订答辩状，确定应诉承办人员，并制作法定代表人身份证明和授权委托书。

应诉承办机构根据需要，可以提请法制工作机构组织有关机构、单位、法律顾问等对复杂案件进行会商。

第九条 应诉承办机构应当将答辩状及证据、依据等相关材料提交国土资源主管部门负责人审查批准。

答辩状、法定代表人身份证明、授权委托书应当加盖国土资源主管部门的印章，授权委托书还应当加盖法人代表签名章或者由法定代表人签字。

第十条 应诉承办机构应当于国土资源主管部门收到人民法院应诉通知书之日起 15 日内，按照人民法院的要求将答辩状、证据、依据等相关材料提交立案的人民法院。因不可抗力等正当事由导致证据不能按时提供的，应当向人民法院提出申请，经准许后可以延期提供。

证据、依据等相关材料涉及国家秘密、商业秘密或者个人隐私的，应诉承办机构应当作出明确标注和说明，安排工作人员当面提交给人民法院，由人民法院指定的人员签收。

第十一条 应诉承办机构认为需要向人民法院申请阅卷的，可以向人民法院提出申请，并按照规定查阅、复制卷宗材料。

第十二条 应诉承办机构收到应诉通知书后，认为能够采取解释说明、补充完善相关行政程序、积极履行法定职责等措施化解行政争议的，应当及时提出具体措施的建议，必要时应当经本部门负责人同意，与人民法院、原告沟通协商，但不得采取欺骗、胁迫等手段迫使原告撤诉。

国土资源主管部门为化解行政争议所采取的措施，不得损害国家利益、社会公共利益和他人合法权益，不得违反法律行政法规的规定。

第十三条 人民法院建议调解的行政争议，应诉承办机构应当提出协调解决方案，经国土资源主管部门负责人批准后，配合人民法院与当事人进行沟通协调。

第十四条 符合下列情形之一的，国土资源主管部门负责人应当出庭应诉：

（一）涉及重大公共利益、社会高度关注或者可能引发群体性事件，负责人出庭更有利于化解争议的案件；

（二）上级国土资源主管部门建议或者同级人民政府要求负责人出庭应诉的案件；

（三）人民法院书面建议负责人出庭应诉的案件；

（四）其他对国土资源管理可能产生重大影响的案件。

符合前款规定的，应诉承办机构应当及时提出负责人出庭的具体建议。国土资源主管部门负责人确实无法出庭的，应当指定其他工作人员出庭应诉，并按照人民法院的要求，在开庭审理前向人民法院作出书面说明。

第十五条 符合下列情形之一的，应诉承办机构负责人应当出庭应诉：

（一）国土资源主管部门负责人要求应诉承办机构负责人出庭的案件；

（二）国土资源主管部门提起上诉或者申请再审的案件；

（三）其他对本机构业务执法标准可能产生重大影响的案件。

第十六条 出庭应诉人员应当按时到庭。未经法庭许可，不得中途退庭。确因特殊情况不能按时出庭的，应当提前告知人民法院并说明事由，经法院许可申请延期。

第十七条 出庭应诉人员应当根据人民法院的要求参加庭审活动，遵守司法程序和法庭纪律，尊重审判人员和其他诉讼参加人。

第十八条 庭审结束后需要补充答辩意见和相关材料的，应诉承办机构应当在人民法院要求的期限内提供。

第十九条 法制工作机构负责统一登记人民法院行政案件裁判

文书。其他工作机构收到人民法院行政案件裁判文书的，应当于收到裁判文书的当日转交法制工作机构进行登记，由法制工作机构将行政案件裁判文书转交应诉承办机构。

第二十条　应诉承办机构应当对人民法院裁判文书进行认真研究，认为依法应当提起上诉、申请再审的，经国土资源主管部门负责人批准后，于法定期限内向有管辖权的人民法院提交上诉状或者再审申请书，并将上诉状或者再审申请书抄送法制工作机构。

国土资源主管部门决定不提起上诉的，应诉承办机构应当于人民法院裁判文书生效之日起10日内，将裁判结果及分析情况向本部门负责人报告，同时抄送法制工作机构。因同一原因导致多个案件收到相同裁判结果的，可以合并报告。

第二十一条　国土资源主管部门或者原告提起上诉、申请再审的，第二审案件、再审案件由原承办第一审案件、第二审案件的应诉承办机构负责承办行政应诉工作。

第二十二条　人民法院的裁判文书需要履行的，应诉承办机构应当自判决、裁定和调解书生效之日起10日内提出履行的意见，报经本部门负责人批准后组织实施，并在判决、裁定和调解书生效之日起30日内，向负责人报告履行情况，同时抄送法制工作机构。

依法提出再审申请的，应诉承办机构应当就履行的意见与相关人民法院进行沟通。

第二十三条　人民法院依法判决国土资源主管部门承担赔偿责任的，应诉承办机构应当会同相关机构依照法律法规和国家有关规定制定赔偿方案，经本部门负责人批准后，办理支付赔偿费用手续。

第二十四条　需要缴纳诉讼费用的，由应诉承办机构会同相关机构办理。

第二十五条　国土资源主管部门收到人民法院提出的司法建议

的，应当组织研究落实，提出具体措施、意见和建议，对存在的违法或者不当的行政行为进行整改，并将有关情况及时向人民法院反馈。

第二十六条 国土资源主管部门收到人民法院对本部门制定的规范性文件的处理建议的，应当组织研究，于 60 日内向人民法院反馈处理意见。发现该规范性文件与法律法规规章的规定相抵触的，应当及时停止执行该规范性文件或者相关规定，并向社会公布。

第二十七条 应诉承办机构应当在行政诉讼活动全部结束后，将案件材料进行收集整理装订，依照档案管理的有关规定归档、移交。

第二十八条 国土资源主管部门应当定期统计和分析行政应诉情况，总结行政应诉中发现的问题，并在本部门内部或者向下级国土资源主管部门通报，督促其改进管理、完善制度。

第二十九条 国土资源主管部门应当根据行政应诉工作需要，配备、充实工作人员，保障工作经费、装备和其他必要的工作条件，保证行政应诉人员、机构和能力与工作任务相适应。

第三十条 国土资源主管部门应当建立行政应诉学习培训制度，开展集中培训、旁听庭审和案例研讨等活动，提高工作人员的行政应诉能力。

第三十一条 国土资源主管部门可以根据应诉工作的需要，聘请律师或者安排公职律师办理国土资源行政案件。

第三十二条 国土资源主管部门应当将出庭应诉、支持人民法院受理和审理行政案件、执行人民法院生效裁判以及行政应诉能力建设等依法履行行政应诉职责情况纳入法治国土建设考核和绩效考核等，考核结果作为评价领导班子、评先表彰、干部使用的重要依据。

应诉承办机构负责人和地方国土资源主管部门负责人进行年度述职时，应当报告履行出庭应诉职责情况。

第三十三条 对在行政应诉工作中取得显著成绩的单位和个人，国土资源主管部门应当予以表彰和奖励。

第三十四条 国土资源主管部门及其工作人员违反本规定，有下列情形之一，应当责令限期改正；造成不良后果的，应当依法予以处分：

（一）收到人民法院的法律文书后未及时处理或者转交的；

（二）不按照本规定提交证据、依据及其他相关材料，履行答辩、举证等法定义务的；

（三）无正当理由不出庭应诉，也不委托相应的工作人员出庭的；

（四）出庭应诉人员无正当理由未按时出庭或者未经法院许可中途退庭的；

（五）拒绝履行或者无正当理由拖延履行人民法院发生法律效力的判决、裁定和调解书，被人民法院强制执行的；

（六）无法定事由未全面履行人民法院发生法律效力的判决、裁定和调解书的；

（七）不依法及时处理司法机关司法建议，不整改本部门、本单位存在的违法行政问题的；

（八）应当提起上诉、申请再审的案件，拖延或者怠于履行提起上诉、申请再审职责，导致国家蒙受重大损失的；

（九）其他违反本规定的行为。

第三十五条 国土资源主管部门的工作人员违反本规定，在行政应诉工作中玩忽职守、滥用职权、徇私舞弊的，依法给予处分；构成犯罪的，依法追究刑事责任。

第三十六条 国土资源主管部门参加行政赔偿诉讼活动，国土资源部办理国务院裁决案件的答复事项，参照本规定执行。

第三十七条 本规定自公布之日起施行。

国土资源部关于《国土资源行政处罚办法》第七条的解释

华人民共和国国土资源部令

第 67 号

《国土资源部关于〈国土资源行政处罚办法〉第七条的解释》已经 2016 年 5 月 10 日国土资源部第 3 次部务会议审议通过，现予公布，自公布之日起施行。

部长

2016 年 5 月 12 日

根据《规章制定程序条例》第三十三条的规定，对《国土资源行政处罚办法》第七条中"全国范围内重大、复杂"的国土资源违法案件作如下解释：

一、全国范围内重大、复杂的国土资源违法案件是指：

（一）国务院要求国土资源部管辖的国土资源违法案件；

（二）跨省级行政区域的国土资源违法案件；

（三）国土资源部认为应当由其管辖的其他国土资源违法案件。

二、本解释自公布之日起实施。

国土资源部立案查处国土资源
违法行为工作规范（试行）

国土资源部关于印发《国土资源部立案查处
国土资源违法行为工作规范（试行）》的通知
国土资规〔2016〕13号

各省、自治区、直辖市国土资源主管部门，新疆生产建设兵团国土资源局，各派驻地方的国家土地督察局，部机关各司局：

《国土资源部立案查处国土资源违法行为工作规范（试行）》已经2016年11月2日第25次部长办公会审议通过，现予印发，请遵照执行。

本文件自印发之日起施行，有效期八年。

2016年11月16日

为规范国土资源部本级立案查处国土资源违法行为工作，明确部立案查处的范围、工作程序和内容，规范执法行为，提升执法效能，推进法治国土建设，依据《土地管理法》、《矿产资源法》、《行政处罚法》、《国土资源行政处罚办法》、《国土资源违法行为查处工作规程》等法律法规规章和规范性文件，制定本规范。

一、适用范围

国土资源部立案查处土地、矿产资源违法行为，适用本规范。

二、工作要求和流程

国土资源部立案查处国土资源违法行为，应当遵循严格规范公正文明执法原则，做到事实清楚、证据确凿、定性准确、依据正确、程序合法、处理适当。

国土资源部立案查处国土资源违法行为，应当按照立案、调查取证、案情分析和调查报告、案件审理、征求意见、法制审核、部审议形成处理决定、实施处理决定、执行、结案的工作流程进行；具体工作由执法监察局和其他业务司局按照职责分工实施。

三、立案

（一）立案管辖范围。

国土资源违法案件管辖以属地管辖为原则，国土资源违法案件原则上由土地、矿产资源所在地的县级国土资源主管部门管辖。国土资源部管辖全国范围内重大、复杂和法律法规规定应当管辖的案件，具体包括：

1. 法律法规规定应当由国土资源部管辖的国土资源违法案件；

2. 国务院要求国土资源部管辖的国土资源违法案件；

3. 跨省级行政区域的国土资源违法案件；

4. 国土资源部认为应当由其管辖的国土资源违法案件。

其中，国土资源部认为应当由其管辖的国土资源违法案件是指省级国土资源主管部门上报、其他部门移送以及执法督察工作中发现严重损害群众权益的重大、典型违法行为，经部批准立案查处的案件。

（二）立案呈批。

对需要由国土资源部立案查处的国土资源违法行为，应当先行组织对违法基本事实进行核查。

经核查，发现符合以下条件的国土资源违法行为，应当报部批准后立案：

1. 有明确的行为人；

2. 有违反国土资源管理法律法规的事实；

3. 依照国土资源管理法律法规应当追究法律责任;

4. 未超过行政处罚时效;

5. 符合国土资源部立案管辖范围。

经核查,发现违法事实不存在、违法行为轻微并及时纠正、没有造成危害后果,或者违法状态已消除的,报部批准后,可以不予立案。

立案或者不予立案呈批前,执法监察局应当征求部相关司局意见。

土地案件应当征求办公厅、国家土地总督察办公室、政策法规司、调控和监测司、规划司、财务司、耕地保护司、地籍管理司(不动产登记局)、土地利用管理司、人事司、机关党委等司局意见。

矿产资源案件应当征求办公厅、政策法规司、调控和监测司、规划司、财务司、地质勘查司(矿产勘查办)、矿产开发管理司、矿产资源储量司、地质环境司(应急办)、人事司、机关党委等司局意见。

立案或者不予立案呈批时,执法监察局应当向部提交相应的请示,附《立案呈批表》或者《不予立案呈批表》、初步核查报告和征求意见情况。部领导在 10 个工作日内作出立案或者不予立案的决定。

(三)确定承办人员。

部决定立案查处的,应当确定至少 2 名案件承办人员。

根据工作需要,执法监察局可以统一调配局内人员,也可以抽调地方国土资源执法监察人员参加部立案查处工作,配发部临时执法监察证件,保障办案人员执法资格。

四、调查取证

(一)取证要求。

调查取证时,办案人员应当不少于 2 人,并应当向被调查人出示执法监察证件。根据需要，可以请派驻地方的国家土地督察机构派员参加调查。

办案人员按照《国土资源行政处罚办法》、《国土资源违法行为查处工作规程》中的证据收集要求，收集与案件相关的书证、物证、视听资料、证人证言、当事人陈述、询问笔录、现场勘测笔录、鉴定结论等证据。其中，需要耕地破坏程度和矿产资源破坏价值等鉴定的，部可以委托省级国土资源主管部门进行鉴定并出具鉴定结论或者鉴定意见。

（二）调查中止或者调查终止。

出现《国土资源违法行为查处工作规程》中规定的中止调查或者终止调查情形的，案件承办人员应当填写《中止调查决定呈批表》或者《终止调查决定呈批表》，征求部相关司局意见，按程序报部批准后，中止或者终止案件调查。

五、案情分析和调查报告

在调查取证的基础上，案件承办人员对收集的证据、案件事实进行认定，确定违法性质和法律适用，研究提出处理建议，起草调查报告。

（一）案情分析。

案件承办人员对收集的证据进行真实性、合法性和关联性审查，梳理和认定违法事实，研究确定违法性质和法律适用等。案情分析过程中，可以根据需要征求部相关业务司局或其他单位的意见。

（二）调查报告。

在调查取证和案情分析基础上，案件承办人员起草《国土资源违法案件调查报告》。调查报告提出的处理建议应当明确具体。其中，建议给予行政处罚的，应当依据土地、矿产资源所在地的行政处罚自由裁量权标准和办法，提出具体的行政处罚建议。

六、案件审理

案件承办人员起草的《国土资源违法案件调查报告》经内部审核后，提交执法监察局局长办公会审理。

局长办公会由局长主持，其他局领导、各处处长及相关人员参加。案件承办人员介绍案件情况，对违法事实、案件定性、处理意见和法律适用等作出说明；参会人员就案件有关问题进行提问和讨论，案件承办人员进行解答或者补充说明；会议主持人总结形成审理意见；案件承办人员如实记录参会人员意见和审理意见，制作《违法案件审理记录》，参会人员签字后，报会议主持人审签。

根据审理意见，案件承办人员对《国土资源违法案件调查报告》进行修改、完善。

七、征求意见

案件审理通过后，将《国土资源违法案件调查报告》分送部相关司局、案件所在地省级国土资源主管部门或者其他单位征求意见。

土地案件应当征求办公厅、国家土地总督察办公室、政策法规司、调控和监测司、规划司、财务司、耕地保护司、地籍管理司（不动产登记局）、土地利用管理司、人事司、机关党委等司局意见。

矿产资源案件应当征求办公厅、政策法规司、调控和监测司、规划司、财务司、地质勘查司（矿产勘查办）、矿产开发管理司、矿产资源储量司、地质环境司（应急办）、人事司、机关党委等司局意见。

根据征求意见情况，执法监察局对《国土资源违法案件调查报告》进行修改、完善。

八、法制审核

对部相关司局在法律适用问题上难以达成一致、确有必要的案件,《国土资源违法案件调查报告》应当送政策法规司进行法制审核。

按照法制审核意见,执法监察局对《国土资源违法案件调查报告》进行修改、完善。

九、部审议形成处理决定

执法监察局起草《关于提请部专题会审议国土资源违法案件调查报告的请示》,经相关司局会签后报部。请示应附会签意见及采纳情况、征求意见及采纳情况、《违法案件处理决定呈批表》等。对于拟作出行政处罚决定的,另附《行政处罚告知书》、《行政处罚听证告知书》、《行政处罚决定书》;对于拟作出行政处理决定的,另附《行政处理决定告知书》、《行政处理决定书》;对于需要追究行政纪律责任的,另附《行政处分建议书》;对于涉嫌犯罪的,另附《涉嫌犯罪案件移送书》。

部领导同意召开部专题会并确定会议时间后,执法监察局准备会议材料,并于会议前一天将会议材料分送各参会单位。

部专题会由分管部领导主持,执法监察局汇报,相关司局参加。

审议土地案件时,办公厅、国家土地总督察办公室、政策法规司、调控和监测司、规划司、财务司、耕地保护司、地籍管理司(不动产登记局)、土地利用管理司、人事司、机关党委等司局参加。

审议矿产资源案件时,办公厅、政策法规司、调控和监测司、规划司、财务司、地质勘查司(矿产勘查办)、矿产开发管理司、矿产资源储量司、地质环境司(应急办)、人事司、机关党委等司局参加。

部专题会对案件调查报告及相关法律文书进行审议,形成案件处理决定。执法监察局起草《部专题会议纪要》,经办公厅主任或者副主任审核后，报分管部领导签发。

部专题会认为案件特别复杂、重大的，应当提交部长办公会审议。执法监察局按照《国土资源部工作规则》的有关规定，提请部长办公会审议，并准备相关材料。

经部专题会或者部长办公会审议通过后，执法监察局将《违法案件处理决定呈批表》报部领导审签。

十、实施处理决定

《违法案件处理决定呈批表》经部领导签批后，执法监察局及相关司局具体履行相应程序，实施处理决定。

（一）行政处罚。

决定给予行政处罚的，按照下列程序进行：

1. 行政处罚告知和行政处罚听证告知。制作《行政处罚告知书》、《行政处罚听证告知书》，采取直接送达或者委托送达等方式送达当事人。当事人提出陈述和申辩的，由执法监察局进行复核。

当事人申请听证的，由部法制工作机构按照《国土资源听证规定》组织进行听证。

2. 行政处罚决定书。当事人未在规定时间内提出陈述、申辩和申请听证的，或者陈述、申辩、听证提出的事实、理由或者证据不成立的，制作《行政处罚决定书》，经部领导签发、加盖部印章后，采取直接送达或者委托送达等方式，送达当事人。经陈述、申辩或者听证，需要修改拟作出的行政处罚决定的，按照程序调整或者重新作出处罚决定。

3. 行政处罚作出时限。部应当自立案之日起 60 日内作出行政处罚决定。如需延长，应当报部批准。

（二）行政处理。

对违法批地、违法批矿等，决定给予行政处理的（如明确违法批准征收、使用土地或者违法批准勘查、开采矿产资源的相关文件无效，提出撤销批准文件、废止违法内容、依法收回土地等具体要求和建议追究行政纪律责任等），按照下列程序进行：

1. 行政处理告知。制作《行政处理告知书》，采取直接送达或者委托送达等方式送达当事人。当事人提出陈述和申辩的，由执法监察局进行复核。

2. 行政处理决定书。当事人未在规定时间内提出陈述、申辩的，或者陈述、申辩提出的事实、理由、证据不成立的，制作《行政处理决定书》，经部领导签发、加盖部印章后，采取直接送达或者委托送达等方式送达当事人。经陈述、申辩，需要修改拟作出的行政处理决定的，按照程序调整或者重新作出处理决定。

（三）移送案件。

对案件需要追究责任人行政纪律责任或者涉嫌犯罪，决定向有关部门移送案件的，执法监察局起草《行政处分建议书》或者《涉嫌犯罪案件移送书》，报部领导签发后，按照规定，将案件移送与责任人级别相对应的监察、任免机关或者有管辖权的公安、检察机关。

（四）撤销立案决定。

对违法事实不成立或者违法行为已过行政处罚追诉时效，决定撤销立案决定的，执法监察局填写《撤销立案决定呈批表》，报部批准。

（五）不予行政处罚或者行政处理。

对违法行为轻微或者违法状态已消除，决定不予行政处罚或者行政处理的，执法监察局按照本规范第十二条的规定办理结案手续。

（六）移送有管辖权机关。

案件不属于国土资源部管辖，决定移送有管辖权机关的，执法监察局起草移送案件管辖文件，报部批准后，移送有管辖权机关，按照本规范第十二条的规定办理结案手续。

十一、执行

（一）主动公开处理决定。

国土资源部作出的行政处罚决定、行政处理决定生效后，按照政府信息公开有关规定，在部门户网站公开，督促违法当事人自觉履行，接受社会监督。

根据工作需要，可以通过其他媒体进行报道。

（二）行政处罚决定的执行。

当事人应当按照《行政处罚决定书》的要求自觉履行。其中，决定没收违法所得或者罚款的，应当将违法所得或者罚款足额上缴国库，并提供缴款凭据；决定没收地上建（构）筑物、矿产品或者其他实物的，应当配合将地上建（构）筑物、矿产品或者其他实物移交所在地的人民政府或者其指定的部门。

当事人在法定期限内不申请行政复议或者提起行政诉讼，又不履行行政处罚决定的，国土资源部可以自期限届满之日起三个月内，向土地、矿产资源所在地的中级人民法院申请强制执行。《强制执行申请书》应当由部领导签名，加盖部印章，注明日期，并附具相关材料。

申请强制执行前，国土资源部制作《履行行政处罚决定催告书》，采取直接送达或者委托送达方式，送达当事人。

（三）行政处理决定的执行。

当事人应当按照《行政处理决定书》的要求，自觉履行，撤销、废止违法批准征收、使用土地或者违法批准勘查、开采矿产资源的相关文件，落实依法收回土地等决定。

（四）督促执行。

根据案件情况，国土资源部可以要求有关派驻地方的国家土地督察机构、省级国土资源主管部门跟踪督办行政处罚、行政处理决定的执行情况。

（五）执行记录。

根据行政处罚、行政处理决定的执行情况，执法监察局制作《执行记录》。

十二、结案

（一）结案条件。

符合下列条件之一的，可以结案：

（1）案件已经移送管辖的；

（2）终止调查的；

（3）决定不予行政处罚或者行政处理的；

（4）行政处罚决定或者行政处理决定执行完毕的；

（5）行政处罚决定终结执行的；

（6）已经依法申请人民法院强制执行的。

涉及需要移送有关部门追究刑事责任、行政纪律责任的，结案前应当已经依法移送。

（二）结案呈批。

符合结案条件的，执法监察局填写《结案呈批表》，报部批准后结案。

（三）立卷归档。

结案后，案件承办人员将办案过程中形成的全部材料，按照《国土资源违法行为查处工作规程》的要求，及时整理装订成卷，交由部档案室归档保存。

案卷分为正卷和副卷，正卷主要为案件查处过程中制作的法律文书和收集的证据材料等，当事人和利害关系人经申请可以查询、复制；副卷主要为内部呈批材料等，不对外公开。

国土资源执法监督法律法规

国土资源行政复议决定履行与监督规定

中华人民共和国国土资源部令

第 54 号

《国土资源行政复议决定履行与监督规定》已经 2012 年 8 月 16 日国土资源部第 2 次部务会议通过，现予以发布，自 2012 年 10 月 1 日起施行。

部长

2012 年 9 月 6 日

第一条 为了加强对行政复议决定履行工作的监督，保证行政复议决定的全面履行，根据《中华人民共和国行政复议法》、《中华人民共和国行政复议法实施条例》和《国土资源行政复议规定》等有关规定，制定本规定。

第二条 本规定所称的行政复议决定，是指国土资源行政复议机关（以下简称行政复议机关）依法对被申请人作出的相关具体行政行为进行审查后，作出的维持、责令履行、撤销、变更、确认违法的决定。

第三条 被申请人履行行政复议机关作出的行政复议决定，以及行政复议机关对被申请人履行行政复议决定情况的监督，适用本规定。

行政复议机关在行政复议案件审理过程中作出关于对被申请人停止执行具体行政行为或者暂停相关行政审批事项决定的履行情况，按照本规定执行。

被申请人对发生法律效力的行政复议调解书的履行，以及对被申请人履行行政复议调解书情况的监督，参照本规定执行。

第四条 行政复议机关对本机关作出的行政复议决定履行情况负责监督。行政复议机构具体办理监督事项，履行下列职责：

（一）对不履行行政复议决定的事实、原因进行调查或者核实并向行政复议机关提出处理意见；

（二）对是否中止履行行政复议决定进行审查并向行政复议机关提出处理意见；

（三）对被申请人违反本规定的行为，向行政复议机关提出处理意见，以及关于向人事、监察部门提出对有关责任人员的处分建议。

第五条 被申请人收到行政复议决定书后，应当在法定期限内全面履行；未规定法定期限的，在下列期限内全面履行：

（一）行政复议决定对履行期限作出明确规定的，依其规定；

（二）行政复议决定对履行期限未作出明确规定的，自接到行政复议决定书之日起60日内完成。

因不可抗力或者申请人、第三人的原因无法在上述期限内履行的除外。

第六条 被申请人应当在行政复议决定履行完毕或者履

行期限届满后 20 个工作日内向行政复议机关书面报告行政复议决定的履行结果。

第七条 行政复议决定履行期满，被申请人不履行行政复议决定的，申请人可以向行政复议机关提出责令履行申请。

第八条 行政复议机关应当自收到责令履行申请书之日起 5 个工作日内书面通知被申请人，要求被申请人自收到通知之日起 10 个工作日内就是否履行行政复议决定作出书面答复。被申请人认为没有条件履行的，应当说明理由并提供相关证据、依据。

第九条 被申请人没有履行行政复议决定但决定履行的，应当自收到书面通知之日起 20 个工作日内履行完毕，并书面报告行政复议机关。

第十条 行政复议机关对被申请人认为没有条件履行所提出的书面答复及有关证据、依据进行审查，属于本规定第十一条第二款规定情形之一的，行政复议机关可以决定中止履行行政复议决定。

经行政复议机关审查，认定被申请人不履行行政复议决定的理由不成立的，行政复议机关依法作出《责令履行行政复议决定通知书》并送达被申请人。

《责令履行行政复议决定通知书》应当载明被责令履行的机关名称、行政复议决定送达日期、履行内容、履行期限及不履行所应当承担的法律责任等内容。

第十一条 被申请人与申请人达成中止履行协议的，向行政复议机关提出中止履行申请，经行政复议机关审批并决定中止履行行政复议决定。

有下列情形之一的，行政复议机关可以直接决定中止履行行政复议决定：

（一）有新的事实和证据，足以影响行政复议决定履行的；

（二）行政复议决定履行需要以其他案件的审理结果为依据，而其他案件尚未审结的；

（三）因不可抗力等其他需要中止履行的情形。

中止履行期间，不计算在第五条规定的期限内。中止履行的情形消失后，行政复议机关应当及时通知被申请人恢复履行行政复议决定。

第十二条　决定中止、恢复履行行政复议决定的，行政复议机关应当制发《行政复议决定中止履行通知书》、《行政复议决定恢复履行通知书》，载明中止、恢复履行的理由、法律依据，并送达行政复议申请人、被申请人、第三人。

第十三条　被申请人在规定期限内不履行行政复议决定的，行政复议机关可以作出责令书面检查、通报批评、取消当年和下一年度各项评优资格的处理决定，行政复议机构可以向人事、监察部门建议对直接负责的主管人员和其他直接责任人员给予警告、记过、记大过的行政处分。

经责令履行仍拒不履行的，行政复议机构可以建议人事、监察部门对直接负责的主管人员和其他直接责任人员给予降级、撤职、开除的行政处分。

第十四条　本规定自 2012 年 10 月 1 日起施行。

国土资源执法监督规定

中华人民共和国国土资源部令

第 79 号

《国土资源执法监督规定》已经 2017 年 12 月 27 日国土资源部第 4 次部务会议审议通过，现予公布，自 2018 年 3 月 1 日起施行。

部长

2018 年 1 月 2 日

第一条 为了规范国土资源执法监督行为，依法履行国土资源执法监督职责，切实保护国土资源，维护公民、法人和其他组织的合法权益，根据《中华人民共和国土地管理法》《中华人民共和国矿产资源法》等法律法规，制定本规定。

第二条 本规定所称国土资源执法监督，是指县级以上国土资源主管部门依照法定职权和程序，对公民、法人和其他组织执行和遵守国土资源法律法规的情况进行监督检查，并对违反国土资源法律法规的行为进行制止和查处的行政执法活动。

第三条 国土资源执法监督，遵循依法、规范、严格、公正、文明的原则。

第四条 县级以上国土资源主管部门应当强化遥感监测、视频监控等科技和信息化手段的应用，也可以通过购买社会服务等方式，发挥现代科技对执法监督工作的支撑作用，提升执法监督效能。

第五条 对在执法监督工作中认真履行职责，依法执行公务管部门给予通报表扬。

第六条 县级以上国土资源主管部门依照法律法规规定，履行下列执法监督职责：

（一）对执行和遵守国土资源法律法规的情况进行检查；

（二）对发现的违反国土资源法律法规的行为进行制止，责令限期改正；

（三）对涉嫌违反国土资源法律法规的行为进行调查；

（四）对违反国土资源法律法规的行为依法实施行政处罚和行政处理；

（五）对违反国土资源法律法规依法应当追究国家工作人员行政纪律责任的，依照有关规定提出行政处分建议；

（六）对违反国土资源法律法规涉嫌犯罪的，向公安、检察机关移送案件有关材料；

（七）法律法规规定的其他职责。

第七条 县级以上地方国土资源主管部门根据工作需要，可以委托国土资源执法监督队伍行使执法监督职权。具体职权范围由委托机关决定。

上级国土资源主管部门应当加强对下级国土资源主管部门行政执法行为的监督和指导。

第八条 县级以上地方国土资源主管部门应当加强与人民法院、人民检察院和公安机关的沟通和协作，依法配合有关机关查处涉嫌国土资源犯罪的行为。

第九条 从事国土资源执法监督的工作人员应当具备下列条件：

（一）具有较高的政治素质，忠于职守、秉公执法、清正廉明；

（二）熟悉国土资源法律法规和相关专业知识；

（三）取得国土资源执法证件。

第十条 国土资源执法人员经过考核合格后，方可取得国土资源执法证件。

国土资源主管部门应当定期组织对执法人员的业务培训。

执法人员不得超越法定职权使用执法证件，不得将执法证件用于国土资源执法监督以外的活动。

第十一条 国土资源部负责省级以上国土资源主管部门执法证件的颁发工作。

省级国土资源主管部门负责市、县国土资源主管部门执法证件的颁发工作。

国土资源执法证件的样式，由国土资源部规定。

第十二条 单位名称、执法人员信息等发生变化的，应当申领新的执法证件。

遗失执法证件的，应当及时向所在国土资源主管部门书面报告。有关国土资源主管部门在门户网站声明作废后，核发新的执法证件。

省级国土资源主管部门应当在每年1月底前，通过国土资源执法综合监管平台将上年度执法人员基本信息、培训、发证以及变更、注销、撤销等情况报国土资源部备案。

国土资源部和省级国土资源主管部门应当结合备案情况定期审验相关信息。

第十三条 因调离、辞职、退休或者其他情形不再履行国土资源执法监督职责的，有关国土资源主管部门应当收回其执法证件，由发证机关予以注销。

第十四条 有下列情形之一的，有关国土资源主管部门应当收回其执法证件，并报发证机关备案：

（一）因涉嫌违法违纪被立案审查，尚未作出结论的；

（二）暂时停止履行执法监督职责的；

（三）擅自涂改、转借执法证件的；

（四）利用执法证件开展与执法监督职责无关的活动，尚未造成严重后果的；

（五）因其他原因应当收回执法证件的。

本条第一、二种情形消除后，经审查合格，可以继续履行执法监督职责的，应当将执法证件及时发还。

第十五条　有下列情形之一的，有关国土资源主管部门应当收回其执法证件，逐级上报发证机关，由发证机关予以撤销，并在门户网站上公布：

（一）弄虚作假取得执法证件的；

（二）在执法监督活动中存在徇私舞弊、滥用职权、玩忽职守等行为，不再适合履行执法监督职责的；

（三）利用执法证件开展与执法监督职责无关的活动，造成严重后果的；

（四）有其他依法应当撤销执法证件情形的。

执法证件被撤销的，不得再重新申领。

第十六条　国土资源执法人员依法履行执法监督职责时，应当主动出示执法证件，并且不得少于2人。

第十七条　县级以上国土资源主管部门可以组织特邀国土资源监察专员参与国土资源执法监督活动，为国土资源执法监督工作提供意见和建议。

第十八条　市、县国土资源主管部门可以根据工作需要，聘任信息员、协管员，收集国土资源违法行为信息，协助及时发现国土资源违法行为。

第十九条　县级以上国土资源主管部门履行执法监督职责，依法可以采取下列措施：

（一）要求被检查的单位或者个人提供有关文件和资料，进行查阅或者予以复制；

（二）要求被检查的单位或者个人就有关问题作出说明，询问违法案件的当事人、嫌疑人和证人；

（三）进入被检查单位或者个人违法现场进行勘测、拍照、录音和摄像等；

（四）责令当事人停止正在实施的违法行为，限期改正；

（五）对当事人拒不停止违法行为的，应当将违法事实书面报告本级人民政府和上一级国土资源主管部门，也可以提请本级人民政府协调有关部门和单位采取相关措施；

（六）对涉嫌违反国土资源法律法规的单位和个人，依法暂停办理其与该行为有关的审批或者登记发证手续；

（七）对执法监督中发现有严重违反国土资源法律法规，国土资源管理秩序混乱，未积极采取措施消除违法状态的地区，其上级国土资源主管部门可以建议本级人民政府约谈该地区人民政府主要负责人；

（八）执法监督中发现有地区存在违反国土资源法律法规的苗头性或者倾向性问题，可以向该地区的人民政府或者国土资源主管部门进行反馈，提出执法监督建议；

（九）法律法规规定的其他措施。

第二十条　县级以上地方国土资源主管部门应当按照有关规定保障国土资源执法监督工作的经费、车辆、装备等必要条件，并为执法人员提供人身意外伤害保险等职业风险保障。

第二十一条　市、县国土资源主管部门应当建立执法巡查制度，制订巡查工作计划，组织开展巡查活动，及时发现、报告和依法制止国土资源违法行为。

第二十二条　国土资源部在全国部署开展土地矿产卫片执法监督。

省级国土资源主管部门按照国土资源部的统一部署，组织所辖行政区域内的市、县国土资源主管部门开展土地矿产卫片执法监督，并向国土资源部报告结果。

第二十三条 省级以上国土资源主管部门实行国土资源违法案件挂牌督办和公开通报制度。

符合下列条件之一的违法案件可以挂牌督办：

（一）公众反映强烈，影响社会稳定的；

（二）给国家、人民群众利益造成重大损害的；

（三）造成耕地大量破坏，或者非法采出矿产品价值数额巨大的；

（四）其他需要挂牌督办的。

省级以上国土资源主管部门应当将重大典型案件和挂牌督办案件的案情、处理结果向社会公开通报。

第二十四条 对上级国土资源主管部门交办的国土资源违法案件，下级国土资源主管部门拖延办理的，上级国土资源主管部门可以发出督办通知，责令限期办理；必要时，可以派员督办或者挂牌督办。

第二十五条 县级以上国土资源主管部门实行行政执法全过程记录制度。根据情况可以采取下列记录方式，实现全过程留痕和可回溯管理：

（一）将行政执法文书作为全过程记录的基本形式；

（二）对现场检查、随机抽查、调查取证、听证、行政强制、送达等容易引发争议的行政执法过程，进行音像记录；

（三）对直接涉及重大财产权益的现场执法活动和执法场所，进行音像记录。

第二十六条 县级以上国土资源主管部门实行重大行政执法决定法制审核制度。在作出重大行政处罚决定前，由该部门的法制工作机构对拟作出决定的合法性、适当性进行审核。未经法制审核或者审核未通过的，不得作出决定。

重大行政处罚决定，包括没收违法采出的矿产品、没收违法所得、没收违法建筑物、限期拆除违法建筑物、吊销勘查许可证或者采矿许可证等。

第二十七条 县级以上国土资源主管部门的执法监督机构提请法制审核的，应当提交以下材料：

（一）处罚决定文本；

（二）案件调查报告；

（三）法律法规规章依据；

（四）相关的证据材料；

（五）需要提供的其他相关材料。

第二十八条 法制审核原则上采取书面审核的方式，审核以下内容：

（一）执法主体是否合法；

（二）是否超越本机关执法权限；

（三）违法定性是否准确；

（四）法律适用是否正确；

（五）程序是否合法；

（六）行政裁量权行使是否适当。

第二十九条 县级以上国土资源主管部门的法制工作机构自收到送审材料之日起 5 个工作日内完成审核。情况复杂需要进一步调查研究的，可以适当延长，但延长期限不超过 10 个工作日。

经过审核，对拟作出的重大行政处罚决定符合本规定第二十八条的，法制工作机构出具通过法制审核的书面意见；对不符合规定的，不予通过法制审核。

第三十条 县级以上国土资源主管部门实行行政执法公示制

度。县级以上国土资源主管部门建立行政执法公示平台，依法及时向社会公开下列信息，接受社会公众监督：

（一）本部门执法查处的法律依据、管辖范围、工作流程、救济方式等相关规定；

（二）本部门国土资源执法证件持有人姓名、编号等信息；

（三）本部门作出的生效行政处罚决定和行政处理决定；

（四）本部门公开挂牌督办案件处理结果；

（五）本部门认为需要公开的其他执法监督事项。

第三十一条 有下列情形之一的，县级以上国土资源主管部门及其执法人员，应当采取相应处置措施，履行执法监督职责：

（一）对于下达《责令停止违法行为通知书》后制止无效的，及时报告本级人民政府和上一级国土资源主管部门；

（二）依法申请人民法院强制执行，人民法院不予受理的，应当作出明确记录。

第三十二条 上级国土资源主管部门应当通过检查、抽查等方式，评议考核下级国土资源主管部门执法监督工作。

评议考核结果应当在适当范围内予以通报，并作为年度责任目标考核、评优、奖惩的重要依据，以及干部任用的重要参考。

评议考核不合格的，上级国土资源主管部门可以对其主要负责人进行约谈，责令限期整改。

第三十三条 县级以上国土资源主管部门实行错案责任追究制度。国土资源执法人员在查办国土资源违法案件过程中，因过错造成损害后果的，所在的国土资源主管部门应当予以纠正，并依照有关规定追究相关人员的过错责任。

第三十四条 县级以上国土资源主管部门及其执法人员有下列情形之一，致使公共利益或者公民、法人和其他组织的合法权益遭受重大损害的，应当依法给予处分：

（一）对发现的国土资源违法行为未依法制止的；

（二）应当依法立案查处，无正当理由，未依法立案查处的；

（三）已经立案查处，依法应当申请强制执行、提出处分建议或者移送有权机关追究行政纪律或者刑事责任，无正当理由，未依法申请强制执行、提出处分建议、移送有权机关的。

第三十五条　县级以上国土资源主管部门及其执法人员有下列情形之一的，应当依法给予处分；构成犯罪的，依法追究刑事责任：

（一）伪造、销毁、藏匿证据，造成严重后果的；

（二）篡改案件材料，造成严重后果的；

（三）不依法履行职责，致使案件调查、审核出现重大失误的；

（四）违反保密规定，向案件当事人泄露案情，造成严重后果的；

（五）越权干预案件调查处理，造成严重后果的；

（六）有其他徇私舞弊、玩忽职守、滥用职权行为的。

第三十六条　阻碍国土资源主管部门依法履行执法监督职责，对国土资源执法人员进行威胁、侮辱、殴打或者故意伤害，构成违反治安管理行为的，依法给予治安管理处罚；构成犯罪的，依法追究刑事责任。

第三十七条　本规定自 2018 年 3 月 1 日起施行。原国家土地管理局 1995 年 6 月 12 日发布的《土地监察暂行规定》同时废止。

附 录

12336 国土资源违法线索举报
微信平台管理办法（试行）

国土资源部关于印发《12336 国土资源违法线索
举报微信平台管理办法》（试行）的通知
国土资规〔2017〕9 号

各省、自治区、直辖市国土资源主管部门，新疆生产建设
兵团国土资源局，各派驻地方的国家土地督察局，部机关
各司局，部有关直属单位：

经部同意，现将《12336 国土资源违法线索举报微信
平台管理办法》（试行）印发给你们，请遵照执行。

国土资源部
2017 年 10 月 12 日

一、为进一步拓展群众举报国土资源违法线索渠道，提高为民
服务水平，维护群众合法权益，规范管理 12336 国土资源违法线
索举报微信平台（以下简称 12336 微信平台），根据国土资源管理法
律法规及有关规定，制定本办法。

二、12336 微信平台是全国统一的平台。举报人通过平台，向
国土资源主管部门举报自然人、法人或者其他组织违反土地、矿产

资源法律法规的违法线索；国土资源主管部门通过平台，按照统一规范的流程，对违法线索进行接收、判定、核查、处理等，并将结果反馈给举报人。

三、国土资源主管部门遵循渠道畅通、方便举报，属地管辖、分级负责，依法处置、及时反馈的原则，接收处理举报人通过12336 微信平台举报的违法线索。

四、举报人通过 12336 微信平台举报的违法线索，由违法行为发生地的县级国土资源主管部门管辖。跨行政区域、管辖权不明确或者有争议的，接收违法线索的县级国土资源主管部门逐级提请上级国土资源主管部门，由有管辖权的国土资源主管部门管辖或者上级国土资源主管部门指定管辖。

五、国土资源部负责建设和维护全国统一的 12336 微信平台，规范流程，明确标准。省、市级国土资源主管部门负责落实建设要求，确保本辖区 12336 微信平台渠道畅通、运行平稳、处理规范。县级国土资源主管部门具体使用 12336 微信平台，按照统一规范的流程，开展违法线索接收、判定、核查、处理和反馈等工作。

设区的市级国土资源主管部门可直接行使 12336 微信平台违法线索的接收、判定、核查、处理和反馈等职责。

各级国土资源主管部门按照不同权限和职责，通过全国统一的 12336 微信平台，了解掌握本辖区违法线索接收、判定、核查、处理和反馈等情况，加强分析研判和督促检查。

六、12336 微信平台接收以下违法线索举报：

（一）土地违法行为。

违法批地；违法占地；违法转让土地使用权；破坏耕地；其他土地违法行为。

（二）矿产资源违法行为。

违法勘查；违法开采；违法批准探矿权、采矿权；违法转让矿业权；其他矿产资源违法行为。

七、12336 微信平台不接收以下违法线索举报：

（一）依法应当通过申请行政复议、行政诉讼、仲裁等途径解决或者已经进入上述程序的；

（二）检举揭发国土资源系统干部违法违纪问题的；

（三）土地权属纠纷、征地补偿费分配或者拖欠，依法应由地方政府或者其他部门处理的；

（四）用地用矿涉及国家安全、国家秘密的；

（五）不属于国土资源主管部门职责范围的。

八、市级国土资源主管部门可以根据本地区实际工作需要和职责，适当拓展违法线索接收范围，或者适当缩小不予接收范围，并报省级国土资源主管部门备案。

九、市级国土资源主管部门应将本辖区内 12336 微信平台予以接收和不予接收的违法线索范围在《举报说明》中向社会明示。

十、举报人通过关注"12336 国土资源违法举报"微信公众服务号或点击微信城市服务中"12336 国土资源违法举报"，按照提示要求输入所举报的违法线索发生地、违法主体、主要违法事实、证据材料等信息，提交违法线索。

十一、12336 微信平台接到举报人提交的违法线索后，自动告知举报人已接收违法线索的信息。

十二、县级国土资源主管部门对举报人提供的文字、图片等举报材料进行判定，及时通过 12336 微信平台告知举报人判定结果：

（一）对属于 12336 微信平台接收范围，并且属于本级国土资源主管部门管辖的，在 7 个工作日内告知举报人本级国土资源主管部门将对违法线索进行核查处理；

（二）对属于 12336 微信平台接收范围，但存在跨行政区域、管辖权不明确或者有争议等情形的，接收违法线索的国土资源主管部门在 2 个工作日内逐级提请上级国土资源主管部门，由有管辖权的国土资源主管部门或者上级国土资源主管部门指定管辖的部门，在 7 个工作日内告知举报人将对违法线索进行核查处理；

（三）对不属于 12336 微信平台接收范围的，在 7 个工作日内告知举报人违法线索不属于 12336 微信平台接收范围，建议举报人通过其他渠道依法向有权机关举报，违法线索办结；

（四）对同一举报人重复举报的违法行为发生地、违法主体、主要违法事实描述等基本相同的，在 7 个工作日内告知举报人违法线索属于重复举报，违法线索办结；

（五）对举报材料缺少违法行为发生地、主要违法事实描述不够清晰完整，需要举报人作进一步补充后才能判定的，在 7 个工作日内告知举报人补充相关材料后重新提交，违法线索办结。

十三、不同举报人提交的违法线索，所反映的违法行为发生地、发生或持续时间、主体、主要违法事实描述等基本相同的，县级国土资源主管部门可以合并办理。

合并线索办理结果应当由 12336 微信平台分别推送至举报人。

十四、县级国土资源主管部门依法依规对违法线索开展核查，并通过 12336 微信平台告知举报人核查结果，违法线索办结：

（一）经核查发现不存在违反土地、矿产资源法律法规行为的，在核查结束后 5 个工作日内通过 12336 微信平台告知举报人"不存在国土资源违法行为"；

（二）经核查发现存在违反土地、矿产资源法律法规行为的，在核查结束后 5 个工作日内通过 12336 微信平台告知举报人"将依法依规予以处理"。

十五、县级国土资源主管部门在接收、判定、核查、处理违法线索的过程中，应根据需要，主动与举报人沟通核实情况，解释相关法律法规和政策；主动与地方政府和相关部门加强沟通，形成工作合力。

十六、上级国土资源主管部门应当采取通报 12336 微信平台接收处理违法线索情况、督办重点地区和重大典型违法案件等多种方式，对下级国土资源主管部门 12336 微信平台工作加强监督、指导和规范。

十七、各级国土资源主管部门应当将 12336 微信平台建设、开发、维护和运行工作等相关经费纳入部门预算，配备专业人员，提供必要的办公场所、办公设备等，保证本辖区 12336 微信平台平稳运行。

十八、负责 12336 微信平台工作的单位和人员应当保守国家秘密、商业秘密和个人隐私。

与举报线索有利害关系或者可能影响公正处理的工作人员，应当主动申请回避。

直接负责 12336 微信平台工作的主管人员和其他责任人员，对应当处理的违法线索不得无故拖延；不得隐瞒、谎报违法线索处理情况；不得故意泄露举报人个人信息或者举报内容，导致举报人遭受打击报复；不得利用举报的违法线索进行敲诈勒索、索贿受贿。

十九、举报人不得故意捏造事实诬告陷害他人，或者以举报为名制造事端，干扰国土资源主管部门正常工作秩序。

二十、违法行为发现、核查、查处等职责已经调整由综合行政执法等其他部门履行的，相关市、县级国土资源主管部门应与相关部门沟通，由相关部门使用 12336 微信平台，或者接收后转交相关部门处理。

二十一、本办法有效期 5 年，自印发之日起施行，由国土资源部负责解释。

附件 1

12336 微信平台接收违法线索范围

一、土地违法行为

（一）违法批地。

无权批准征收、使用土地的单位或者个人非法批准占用土地，超越批准权限非法批准占用土地；不按照土地利用总体规划确定的用途批准用地；违反法律法规规定的程序批准征收、使用土地；违法违规供地等违法行为。

（二）违法占地。

未经批准或者采取欺骗手段骗取批准，非法占用土地；农村村民未经批准或者采取欺骗手段骗取批准，非法占用土地建住宅；超过批准的数量占用土地；依法收回违法批准、使用的土地，有关当事人拒不归还等违法行为。

（三）违法转让土地使用权。

买卖或者以其他形式非法转让土地；未经批准，违法转让以划拨方式取得的国有土地使用权；不符合法律规定的条件，违法转让以出让方式取得的国有土地使用权；将农民集体所有的土地使用权违法出让、转让或者出租用于非农业建设等违法行为。

（四）破坏耕地。

破坏一般耕地行为；破坏永久基本农田行为；建设项目施工和地质勘查临时占用耕地的土地使用者自临时用地期满之日起 1 年内未恢复种植条件等违法行为。

（五）其他土地违法行为。

依法收回国有土地使用权，当事人拒不交出土地；不按照批准的用途使用国有土地；在临时使用的土地上修建永久性建筑物、构筑物等违法行为。

二、矿产资源违法行为

（一）违法勘查。

未取得勘查许可证擅自进行勘查工作；勘查许可证有效期已满，未办理延续登记手续而继续进行矿产资源勘查；超越批准的勘查区块范围进行勘查工作；擅自进行滚动勘探开发、边探边采或者试采等违法行为。

（二）违法开采。

未依法取得采矿许可证擅自采矿；采矿许可证有效期已满，未办理延续登记手续而继续采矿；采矿许可证被依法注销、吊销后继续采矿；未按采矿许可证规定的矿种采矿（共生、伴生矿除外）；持勘查许可证采矿；非法转让采矿权的受让方未进行采矿权变更登记采矿；擅自进入国家规划矿区和对国民经济具有重要价值的矿区范围采矿；擅自开采国家规定实行保护性开采的特定矿种；采矿权人超出采矿许可证载明的矿区范围开采矿产资源；采取破坏性的开采方法开采矿产资源等违法行为。

（三）违法批准探矿权、采矿权。

违法审批发放勘查许可证、采矿许可证等违法行为。

（四）违法转让矿业权。

买卖、出租或者以其他形式转让矿产资源；将探矿权、采矿权倒卖牟利；未经批准擅自转让探矿权、采矿权；以承包等方式擅自转让采矿权等违法行为。

（五）其他矿产资源违法行为。

采取破坏性的开采方法开采矿产资源，造成矿产资源严重破坏；未足额缴纳矿产资源补偿费等违法行为。

附件2

举报说明

12336国土资源违法线索举报微信平台，主要接收举报自然人、法人或者其他组织违反土地、矿产资源法律法规的违法线索，由违法行为发生地的县级国土资源主管部门负责接收、判定、核查、处理和反馈。举报反映的违法线索发生地、违法主体、主要违法事实等情况应基本清楚。

1、本平台主要接收以下情形的举报

（一）土地违法行为

违法批地，违法占地，违法转让土地使用权，破坏耕地，其他土地违法行为

（二）矿产资源违法行为

违法勘查，违法开采，违法批准探矿权、采矿权，违法转让矿业权，其他矿产资源违法行为

二、本平台不接收以下情形的举报

（一）依法应当通过申请行政复议、行政诉讼、仲裁等途径解决或者已经进入上述程序的；

（二）检举揭发国土资源系统干部违法违纪问题的；

（三）土地权属纠纷、征地补偿费分配或者拖欠，依法应由地方政府或者其他部门处理的；

（四）用地用矿涉及国家安全、国家秘密的；

（五）不属于国土资源主管部门职责范围的。

三、提倡实名举报。

四、违法线索提交成功后，国土资源主管部门将在法定工作时间内依法及时处理，请不要重复提交。

五、请自觉遵守相关法律法规，如实文明举报。上传不良信息恶意举报的用户，将承担由此引发的一切法律责任。

已阅读并同意该《举报说明》。

附件3

告知举报人信息模板

一、接收线索告知

您好，12336国土资源违法线索举报微信平台已接收您举报的

违法线索。感谢您对国土资源工作的支持!

二、线索判定结果告知

不属于接收范围的违法线索:您好,您举报的违法线索不属于12336国土资源违法线索举报微信平台接收范围,您可向×××部门举报此问题(对举报事项有明确责任部门的告知举报人,不能明确责任部门的,可不告知举报人)。感谢您对国土资源工作的支持!

属于重复举报的违法线索:您好,12336国土资源违法线索举报微信平台已于×年×月×日接收您举报的该线索,请不要重复提交。感谢您对国土资源工作的支持!

属于需要补充相关材料的违法线索:您好,12336国土资源违法线索举报微信平台已于×年×月×日接收您举报的线索,但材料不够清晰完整,请您补充相关材料后重新提交。感谢您对国土资源工作的支持!

属于接收范围的违法线索:您好,×××国土资源主管部门将对您举报的违法线索作进一步核查处理。感谢您对国土资源工作的支持!

三、核查结果告知

不存在国土资源违法行为的违法线索:经核查,您举报的违法线索不存在国土资源违法行为。感谢您对国土资源工作的支持!

存在国土资源违法行为的违法线索:经核查,您举报的违法线索存在国土资源违法行为,×××国土资源主管部门将依法依规予以处理。感谢您对国土资源工作的支持!

国土资源部、住房城乡建设部关于房屋交易与不动产登记衔接有关问题的通知

国土资发〔2017〕108号

各省、自治区、直辖市国土资源主管部门、住房城乡建设厅（建委、房地局）：

为全面落实国务院领导批示精神，加强部门衔接，解决不动产登记"中梗阻"问题，切实做到便民利民，根据《不动产登记暂行条例》及其实施细则、《中央编办关于整合不动产登记职责的通知》（中央编办发〔2013〕134号）、《国土资源部 住房城乡建设部关于做好不动产统一登记与房屋交易管理衔接的指导意见》（国土资发〔2015〕90号）等法规规章政策，现就房屋交易与不动产登记衔接有关问题通知如下。

一、关于资料移交共享

（一）不动产统一登记制度实施前已经形成的房屋登记纸质资料要移交至不动产登记机构，确实难以拆分移交的，应复制移交，复制移交的资料应与原件一致，并于年底前全面复制移交到位。

（二）为避免重复建设，保证房屋交易与不动产登记使用电子数据的一致性，房屋登记的电子数据应完整地拷贝给不动产登记机构，并于9月底前全面完成。

二、关于交易登记业务衔接

对于房屋交易与不动产登记机构分设的地方，要按照"进一个门、跑一次路"的原则，实现房屋交易与不动产登记的有效衔接，切实做到便民利民。

（一）一个窗口受理。两部门进驻同一个服务大厅，设置同一

个受理窗口，将房屋交易和不动产登记所需的法定材料编制形成统一的申请材料目录向社会公布。

（二）部门并行办理。收件后，相关资料分送两部门并行业务办理，不动产登记机构依法办理不动产登记业务。涉及交易需办理事项，一般交易业务要在 3 个工作日内办结，较为复杂的应当在 5 个工作日内办结，交易的结果通过内部网络向不动产登记机构反馈。

（三）方便群众办事。凡是能够通过网上办理的房屋交易和不动产登记事项，不得要求当事人到现场办理。

三、关于历史遗留问题

（一）针对目前各地不动产统一登记后出现的历史遗留问题，不动产登记机构和房屋交易管理部门要加强配合，共同协商推动地方政府依法合规分类妥善处理，及时解决问题。

（二）防止小产权房通过不动产登记合法化。

四、切实做好房地产市场调控和监测分析工作

不动产登记机构和房屋交易管理部门要充分认识做好房地产市场监测工作的重要性，将二手房与新建商品房纳入统一的房地产市场管理，加强监测、监管和调控。不动产统一登记制度实施后，房屋交易和不动产登记信息要通过网络实时共享。

国土资源部　住房城乡建设部

2017 年 9 月 11 日

国土资源部办公厅关于规范不动产权籍调查有关工作的通知

国土资厅函〔2017〕1272号

各省、自治区、直辖市国土资源主管部门，新疆生产建设兵团国土资源局，解放军土地管理局：

建立和实施不动产统一登记制度以来，部先后印发《关于做好不动产权籍调查工作的通知》（国土资发〔2015〕41号）和《不动产单元设定与代码编制规则》（国土资厅函〔2017〕1029号），各地依据有关要求积极推进权籍调查，有效保障了不动产登记制度落地实施。但随着工作的持续推进，个别地方对权籍调查工作要求把握不准，出现重复测绘、额外收费等问题，一定程度上影响了工作成效和行业形象。为规范不动产权籍调查工作，切实保障不动产登记平稳高效运行，现将有关事项通知如下：

一、准确把握工作定位，规范开展权籍调查

权籍调查是不动产登记的前提和基础，各地应以服务和支撑不动产登记为根本出发点，依据《关于做好不动产权籍调查工作的通知》等有关文件的要求，规范开展权籍调查，形成完整有效的调查成果，保障不动产登记的需要。申请不动产首次登记或涉及界址界限变化的不动产变更、转移登记的，申请人应当按照相关法律法规规定提交不动产界址、空间界限、面积等权籍调查成果。申请人委托第三方开展权籍调查时，不动产登记机构应当按照有关规定及时提供相关资料，指导做好权属调查工作。政府统一组织开展的集体土地所有权、宅基地使用权、集体建设用地使用权等首次登记，应由不动产登记机构负责组织完成权籍调查工作。申请人委托开展权籍调查的，应由申请人自行选择权籍调查单位，权籍调查费用由委托双方根据相关收费标准和规定协商确定；由政府出资开展的权籍调查工作，根据政府采购要求选择权籍调查单位。

二、充分利用已有调查成果，不得违规增加申请人负担

对于前期行业管理中已经产生的测量成果（如房产测绘、勘测定界等），经不动产登记机构审核，符合不动产登记要求的，应当继续沿用，不再重复测量。申请不动产变更、转移等登记时，不动产界址界限未发生变化的，原则上应当继续沿用已有的权籍调查成果，不得要求申请人重复提交。实施不动产统一登记前，已经依法办理了土地登记和房屋登记，以及依法办理了房屋登记但未办理分户土地登记的城镇住宅、成套的商业办公用房等不动产申请办理转移、变更、抵押等登记时，经确认土地权属合法且不涉及界址界限变化的，不得要求权利人提交权籍调查成果，不得要求权利人委托调查单位开展权籍调查，不得要求权利人缴纳测绘费、配图费等额外费用。为满足不动产登记需要，对于需要补充开展权籍调查，完成房屋落幢落宗等相关工作的，不动产登记机构应当提请政府落实经费，统一组织实施。

三、优化流程创新方法，提升权籍调查效率

在未完成房地数据整合的过渡期内，不动产登记机构应当采取多种方法，优先完成房地产交易活跃等重点地区的房地数据挂接，编制不动产单元代码，提升权籍调查工作效率，满足办理不动产登记的需要。对于已有宗地信息不完整或利用已有资料无法实现房屋落幢落宗的，为满足不动产登记的需要，在确认土地权属合法的基础上，依据《不动产单元设定与代码编制规则》，利用影像图、地形图等数据资料，通过预编宗地号，并落实房屋位置，编制形成不动产单元代码，先行办理不动产登记业务。同时，不动产登记机构应尽快组织完成不动产权籍调查，并将调查成果上图入库，完善权

籍信息。

　　各地要进一步提高认识，严格按照有关工作要求，规范推进权籍调查工作。各级不动产登记机构应当建立不动产权籍调查单位工作效果评价机制，定期将权籍调查成果质量评价、委托人满意度调查结果等进行公示，方便申请人自行选择服务好、信誉度高的权籍调查单位，切实做到规范有序，便民利民。省级国土资源主管部门要对本地区权籍调查工作进行摸底排查，及时发现问题并督促整改到位。各地在工作中遇到的重大问题，请及时报部。

2017 年 8 月 24 日

国土资源部　住房城乡建设部关于做好不动产
统一登记与房屋交易管理衔接的指导意见

国土资发〔2015〕90号

各省、自治区、直辖市国土资源主管部门、住房城乡建设厅（建
委、房地局）：

为贯彻落实《国务院机构改革和职能转变方案》、《中央编办
关于整合不动产登记职责的通知》（中央编办发〔2013〕134号，
以下简称《通知》）和《国土资源部 中央编办关于地方不动产登
记职责整合的指导意见》（国土资发〔2015〕50号），促进房地产
市场平稳健康发展，确保不动产统一登记工作平稳推进，现就做好
不动产统一登记与房屋交易管理有序衔接，提出以下指导意见。

一、充分认识不动产统一登记与房屋交易管理有序衔接的重要
意义

整合不动产登记职责机构是建立和实施不动产统一登记制度的
组织保障，是确保《不动产登记暂行条例》（以下简称《条例》）
顺利实施的前提。根据中央要求，房屋登记等不动产登记职责将统
一整合到不动产登记机构，房屋交易管理职责继续由房产管理部门
承担。不动产统一登记与房屋交易管理关联性强，做好相关工作衔
接，有利于保障房屋交易安全，维护房地产权利人合法权益；有利
于稳定住房消费，促进房地产市场平稳健康发展；有利于方便群众
办事，提升政府治理效率和水平。

各级不动产登记机构、房产管理部门要高度重视，在工作中要
加强配合，相互兼顾，统筹协调，按照方便群众办事、保障交易安
全、提升管理效率的原则，确保房地产交易市场规范有序，不动产

统一登记平稳推进，年底前完成不动产登记职责机构整合。

二、加强房屋交易管理与不动产统一登记

（一）加强房屋交易管理。房屋交易管理是房地产市场监管的基础和核心。各级房产管理部门要强化房屋转让、抵押、租赁、面积管理、房屋交易档案、房屋中介、个人住房信息系统建设等工作，特别是要做好商品房预售许可、房屋买卖合同网签备案、房屋交易资金监管、楼盘表的建立、购房资格审核、房源验核、存量房与政策性住房上市交易管理，以及房屋抵押政策制定及监督执行等交易监管具体工作，实现关联业务有序衔接。

（二）加快不动产统一登记。各省级国土资源主管部门、住房城乡建设主管部门要认真贯彻落实《条例》和《通知》，指导各地充分利用现有资源，将房屋登记的申请、受理、审核、登簿、发证等房屋登记职责统一到不动产登记机构，不得随意拆分房屋登记职责。不动产登记机构要切实做好涉及房屋的所有权、用益物权、担保物权的首次登记、变更登记、转移登记、注销登记、更正登记、异议登记、预告登记、查封登记等工作。

三、做好不动产统一登记与房屋交易管理有序衔接

各地在加强房屋交易管理、推进不动产统一登记工作中，既要梳理再造登记流程，保证不动产统一登记有序推进，又要加强房屋交易管理，保证交易与登记安全便民。对于房屋交易管理部门与不动产登记机构分设的，要切实做好交易与登记有关工作衔接。

（一）确保业务衔接顺畅。房产管理部门要对新建商品房、二手房，以及保障性等政策性住房的交易活动进行监管，实时将依法办理的房屋转让、抵押等相关交易信息提供给不动产登记机构，不动产登记机构应当依据相关交易信息进行登记。在完成房屋登记后，不动产登记机构也要实时将各类登记信息提供给房产管理部门，有效防范一房多卖、已抵押房屋违规出售等行为的发生，确保

交易安全。

（二）实现信息互通共享。不动产登记信息管理基础平台与房屋交易管理信息平台要相互对接，通过交换接口、数据抄送等形式，实现实时互通共享，消除"信息孤岛"，确保相关业务办理的连续、安全、便捷。现阶段尚未建成不动产登记信息管理基础平台的，应当按照职责分工，加快推进不动产登记信息整理、入库和不动产登记信息系统建设。

（三）做好资料移交与共用。不动产登记机构与房屋交易管理部门应当建立房屋登记档案和房屋交易档案查询互用制度，保证房屋登记和交易管理的正常运行。按照《物权法》、《条例》和《通知》的有关规定，房屋登记簿等房屋登记资料由不动产登记机构管理。房产交易资料由房屋交易管理部门管理。

（四）加强服务窗口建设。各地要按照便民利民的原则，切实做好房屋交易、不动产登记窗口服务。房屋交易和登记业务办理尽量在一个服务大厅，进一步优化服务流程，提升服务水平，实现一个窗口受理，"一站式"、规范化服务。对于房屋交易与不动产登记服务大厅分设的，不动产登记机构和房产管理部门要加强沟通协调，可以互设服务窗口，受理相关业务。为方便群众办事，对于能够通过实时互通共享取得的信息，不得要求群众重复提交。

各地要按照本指导意见要求，认真抓好落实。在执行中遇到的有关情况可向国土资源部、住房城乡建设部反映。

中华人民共和国国土资源部
中华人民共和国住房和城乡建设部
2015 年 7 月 10 日

国土资源调查专项资金管理暂行办法

财政部、国土资源部《关于印发国土资源调查
专项资金管理暂行办法》的通知

财建〔2004〕192 号

国务院有关部委、有关直属机构，各省、自治区、直辖
市、计划单列市财政厅（局）、国土资源厅（局）：

为加强对国土资源调查专项资金的管理，提高资金使
用效益，确保国土资源大调查工作的顺利实施，根据《中
华人民共和国预算法》以及有关法律、法规，我们制定了
《国土资源调查专项资金管理暂行办法》。现印发给你们，
请遵照执行。

2004 年 7 月 12 日

第一章 总 则

第一条 为加强对国土资源调查专项资金的管理，提高资金使
用效益，确保国土资源大调查工作的顺利实施，根据《中华人民共

和国预算法》以及有关法律、法规，制定本办法。

第二条 国土资源调查专项资金是中央财政为支持国家基础性、公益性、战略性国土资源综合调查评价工作，促进国民经济和社会可持续发展而设立的专项资金。

第三条 国土资源调查专项资金实行项目管理，单独核算，专款专用，任何单位和个人不得挤占、截留和挪用。

第四条 国土资源调查专项资金的管理必须做到公平、公开、公正，坚持集中资源、突出重点、合理安排、讲求效益的原则。

第二章 组织机构和职责

第五条 财政部负责国土资源调查专项资金预算管理，具体职责如下：

（一）确定年度经费总预算；

（二）确定项目经费预算编制原则；

（三）核批年度项目经费预算及组织实施费预算；

（四）监督检查经费的管理和使用情况。

第六条 国土资源部负责组织和管理国土资源大调查工作，具体职责如下：

（一）编制国土资源大调查规划，提出年度项目立项指南，确定年度项目立项计划；

（二）提出年度项目经费预算及组织实施费预算建议；

（三）对重大项目和组织实施单位承担的项目组织审查论证和验收；

（四）会同财政部监督检查经费的管理和使用情况。

第七条 国土资源部所属有关事业单位为国土资源大调查组织实施单位（以下简称组织实施单位），负责国土资源大调查计划的组织实施及项目日常管理。具体职责如下：

（一）按照国土资源大调查规划和年度项目立项指南，组织编制项目计划建议，编报项目经费预算及组织实施费预算建议；

（二）组织项目论证、评估、评审，组织项目招投标；

（三）按照财政部、国土资源部的要求汇总报送项目预算执行情况；

（四）受财政部、国土资源部委托，对经费的管理和使用情况进行监督检查。

第八条 项目承担单位负责国土资源大调查项目的具体实施。具体职责如下：

（一）编制项目可行性报告及经费支出概算；

（二）负责项目实施及项目经费的财务管理和会计核算；

（三）根据国家有关规定以及与组织实施单位签订的项目合同或协议，提交项目成果及相关资料。

（四）接受有关部门及其委托机构的监督检查，并按要求提供项目预算执行情况和有关财务资料。

第九条 组织实施单位及其直属单位直接承担的项目，由国土资源部负责管理。

第三章　项目预算管理

第十条 国土资源部根据国家国民经济和社会发展对国土资源的需求以及国土资源大调查规划，会同财政部在确定年度项目预算安排的原则和重点基础上，制定并发布年度项目立项指南。

第十一条 根据年度项目立项指南确定的范围和要求，各项目申报单位编制项目可行性报告（含经费支出概算）报送组织实施单位。

项目申报单位隶属于地方的，应将项目可行性报告送所在地省级国土资源部门和财政部门签署意见后再报送组织实施单位。

第十二条 组织实施单位组织由技术和经济专家组成的专家委员会对项目可行性报告进行论证、评估或评审。

组织实施单位及其直属单位承担的项目，由国土资源部会同财政部组织专家对项目可行性报告进行审查论证。

对符合招投标条件的项目，由国土资源部或组织实施单位组织招投标确定项目承担单位。

第十三条 组织实施单位组织审查的项目，由组织实施单位根据项目立项论证及项目招标结果，编制年度国土资源大调查项目计划及项目经费预算建议报送国土资源部。

国土资源部对组织实施单位报送的项目计划及项目经费预算建议审核后，连同经审定的组织实施单位及其直属单位承担的项目计划及项目经费预算汇总编制年度国土资源大调查项目计划，提出年度项目预算建议报送财政部。

组织实施费预算由组织实施单位编报并经国土资源部审定后，由国土资源部单独向财政部报送。

第十四条 财政部对国土资源部报送的各项用国土资源调查专项资金安排的项目进行审核后，按项目承担单位预算管理渠道批复下达项目预算。

国土资源大调查项目经费预算一经下达，原则上不得调整。如确需调整的，必须按照规定程序报财政部批复后执行。

第十五条 项目预算中需要进行政府采购的支出，应按照《政府采购法》规定纳入本单位年度政府采购预算，并按有关规定组织采购。

第十六条 国土资源调查专项资金的拨付按照财政预算资金拨付的有关要求执行。

第十七条　根据财政部下达的年度国土资源大调查项目经费预算，以及国土资源部下达的年度国土资源大调查计划，组织实施单位与项目承担单位签订合同或协议。

第十八条　财政部会同国土资源部研究发布国土资源调查预算标准，规范预算编制和财务管理。

第十九条　国土资源大调查项目立项指南，项目及承担单位，项目经费预算以及提交的项目成果，除国家另有规定外，均应向社会公开。

第四章　财务管理

第二十条　国土资源调查专项资金包括项目费和组织实施费，按项目核算成本费用。

第二十一条　项目费是指开展国土资源大调查项目所发生的所有直接费用和间接费用，主要包括：人员费、专用仪器设备费、能源材料费、外协费、用地补偿费、差旅费、会议费、管理费和其他相关费用。

人员费，指直接从事项目工作人员的工资性费用。项目组成员所在单位有财政事业费拨款的，由所在单位按照国家规定的标准从事业费中足额支付给项目组成员，并按规定在项目预算的相关科目中列示，不得在项目经费中重复列支。

专用仪器设备费，指项目实施所必需的专用仪器、设备、野外应急装备等购置费。已由其他资金安排购置或现有仪器设备已能满足项目工作需要的，不得在项目经费中重复列支。用国土资源调查专项资金购置的专用仪器设备，必须登记入账，纳入单位固定资产管理。

能源材料费，指项目实施直接耗用的原材料、燃料及动力、专用管材、低值易耗品等费用。

外协费，指项目实施所必需的外协测试、施工、加工、软件研制以及租赁费用。

用地补偿费，指因项目实施过程中占用土地需支付的临时性设施拆建费、临时性土地占用费、青苗树木赔偿费等。

差旅费，指为项目实施而进行的国内调研考察、出野外工作等所发生的交通、住宿等费用。

会议费，指项目实施过程中组织召开的与项目实施有关的专题研究、学术会议的费用。

管理费，指项目承担单位为组织管理项目而支出的各项费用。包括现有仪器设备和房屋使用费或折旧、直接管理人员费用和其他相关管理支出。管理费不得超过项目经费总预算的5%。

其他相关费用，指除上述费用之外与项目实施有关的其他费用。此项费用应严格控制在与项目实施有关的支出范围，在编制预算时应细化到具体内容。

以上各项费用，国家有开支标准的，按国家有关规定执行。

第二十二条 组织实施费，指组织实施单位为了组织项目，开展项目评审、评估或招标，对项目进行监督检查，项目验收及对项目进行绩效考评等工作所发生的费用。

第二十三条 国土资源大调查项目经费支出应严格控制在预算核定的额度内，按规定的费用开支范围和标准对项目进行成本核算，不得虚列、多提、多摊费用；不得扩大开支范围，提高开支标准；不得用于弥补单位事业费不足；不得建立各种基金。

第二十四条 下列费用不得列入国土资源大调查项目经费：

（一）应由事业费、基本建设资金、其他专项资金开支的费用；

（二）各种奖金、福利和社保支出；

（三）归还贷款本息；

（四）投资性支出、捐赠及赞助；

（五）各种罚款、违约金、滞纳金等支出；

（六）与国土资源大调查项目无关的其他支出。

第二十五条 项目工作结束后，应当按照要求进行项目验收。在项目验收时，项目承担单位除提供成果验收报告外，还需提供项目经费使用情况的总结报告。项目验收委员会成员中应包括财务专家。

项目验收结果应及时报国土资源部和财政部备案。

第二十六条 项目的年度结余经费应按财政部有关规定进行管理。

第五章　监督检查

第二十七条 财政部、国土资源部负责组织对国土资源调查专项资金使用情况进行监督检查，并逐步建立项目经费支出绩效评价制度。

第二十八条 组织实施单位应建立健全经费使用管理的监督约束机制，建立项目跟踪反馈制度，及时处理和纠正项目经费使用中的问题。重大事项要及时向财政部和国土资源部报告。

第二十九条 项目承担单位应加强项目资金管理，严格遵守有关财务会计制度，并积极配合有关部门组织的监督检查。

第三十条 项目组织实施单位及专家委员会等有关人员在项目论证、评估、评审、招标、管理中弄虚作假、徇私舞弊、玩忽职守和泄露机密的，按有关法律法规的规定处理。

第三十一条 对有下列情况之一的，财政部、国土资源部将根据情况采取通报批评、停止拨款、调整项目预算、终止项目、收回已拨项目经费等措施予以相应的处理。构成犯罪的，移送司法机关处理。

（一）虚列项目及虚列支出的；

（二）擅自转包项目、改变项目设计、调整项目经费预算的；

（三）截留、挪用、挤占项目经费的；

（四）随意转拨项目资金的；

（五）项目完成后未及时验收或验收未通过的；

（六）违反财务会计制度和本办法规定的；

（七）其他违反法律、法规、制度规定的。

第六章　附　则

第三十二条　本办法由财政部会同国土资源部负责解释。

第三十三条　本办法自 2004 年 8 月 1 日起实施。

自然资源统一确权登记办法（试行）

国土资源部　中央编办　财政部　环境保护部

水利部　农业部　国家林业局关于印发

《自然资源统一确权登记办法（试行）》的通知

国土资发〔2016〕192 号

各省、自治区、直辖市人民政府，国务院有关部委、直属机构：

《自然资源统一确权登记办法（试行）》已经中央全面深化改革领导小组和国务院审定。现印发给你们，请结合实际，认真贯彻落实。

2016 年 12 月 20 日

第一章　总　则

第一条　为落实十八届三中全会通过的《中共中央关于全面深化改革若干重大问题的决定》和《中共中央国务院关于印发〈生

态文明体制改革总体方案〉的通知》（中发〔2015〕25号）要求，规范自然资源统一确权登记，建立统一的确权登记系统，推进自然资源确权登记法治化，推动建立归属清晰、权责明确、监管有效的自然资源资产产权制度，根据有关法律规定，制定本办法。

第二条　国家建立自然资源统一确权登记制度。

自然资源确权登记坚持资源公有、物权法定和统一确权登记的原则。

第三条　对水流、森林、山岭、草原、荒地、滩涂以及探明储量的矿产资源等自然资源的所有权统一进行确权登记，界定全部国土空间各类自然资源资产的所有权主体，划清全民所有和集体所有之间的边界，划清全民所有、不同层级政府行使所有权的边界，划清不同集体所有者的边界，适用本办法。

第四条　自然资源确权登记以不动产登记为基础，已经纳入《不动产登记暂行条例》的不动产权利，按照不动产登记的有关规定办理，不再重复登记。

自然资源确权登记涉及调整或限制已登记的不动产权利的，应当符合法律法规规定，并依法及时记载于不动产登记簿。

第五条　国务院国土资源主管部门负责指导、监督全国自然资源统一确权登记工作。

省级以上人民政府负责自然资源统一确权登记工作的组织，各级不动产登记机构（以下简称登记机构）具体负责自然资源登记。

第六条　自然资源确权登记由自然资源所在地的县级以上人民政府登记机构办理。

跨行政区域的自然资源确权登记，由共同的上一级人民政府登记主管部门指定办理。

国务院确定的重点国有林区权属登记按照不动产登记的有关规定办理。

第二章　自然资源登记簿

第七条　登记机构应当按照国务院国土资源主管部门的规定，设立统一的自然资源登记簿（见附件1）。

已按照《不动产登记暂行条例》办理登记的不动产权利，要在自然资源登记簿中记载，并通过不动产单元号、权利主体实现自然资源登记簿与不动产登记簿的关联。

第八条　县级以上人民政府按照不同自然资源种类和在生态、经济、国防等方面的重要程度以及相对完整的生态功能、集中连片等原则，组织相关资源管理部门划分自然资源登记单元，国家公园、自然保护区、水流等可以单独作为登记单元。自然资源登记单元具有唯一编码。

自然资源登记单元边界应当与不动产登记的物权权属边界做好衔接。

第九条　自然资源登记簿应当记载以下事项：

（一）自然资源的坐落、空间范围、面积、类型以及数量、质量等自然状况；

（二）自然资源所有权主体、代表行使主体以及代表行使的权利内容等权属状况；

（三）自然资源用途管制、生态保护红线、公共管制及特殊保护要求等限制情况；

（四）其他相关事项。

第十条　自然资源登记簿附图内容包括自然资源登记范围界线、面积，所有权主体名称，已登记的不动产权利界线，不同类型自然资源的边界、面积等信息。

自然资源登记簿附图以土地利用现状调查（自然资源调查）、

不动产权籍调查相关图件为基础，结合各类自然资源普查或调查成果，通过相应的实地调查工作绘制生成。

第十一条 自然资源登记簿由县级以上人民政府登记机构进行管理，永久保存。

登记簿应当采用电子介质，暂不具备条件的，可以采用纸质介质。采用电子介质的，应当定期进行异地备份。

第三章 自然资源登记一般程序

第十二条 自然资源登记类型包括自然资源首次登记和变更登记。

首次登记是指在一定时间内对登记单元内全部国家所有的自然资源所有权进行的全面登记。在不动产登记中已经登记的集体土地及自然资源的所有权不再重复登记。

变更登记是指因自然资源的类型、边界等自然资源登记簿内容发生变化而进行的登记。

第十三条 自然资源首次登记程序为通告、调查、审核、公告、登簿。

对依法属于国家所有的自然资源所有权开展确权登记。

第十四条 自然资源首次登记的，县级以上人民政府应当成立自然资源统一确权登记领导小组，组织相关资源管理部门制定登记工作方案并预划登记单元，向社会发布首次登记通告。通告的主要内容包括：

（一）自然资源登记单元的预划分；

（二）自然资源登记的期限；

（三）自然资源类型、范围；

（四）需要集体土地所有权人、自然资源所有权代表行使主体等相关主体配合的事项及其他需要通告的内容。

第十五条 自然资源的调查工作由所在地的县级以上人民政府统一组织，国土资源主管部门（不动产登记机构）会同相关资源管理部门，以土地利用现状调查（自然资源调查）成果为底图，结合各类自然资源普查或调查成果，通过实地调查，查清登记单元内各类自然资源的类型、边界、面积、数量和质量等，形成自然资源调查图件和相关调查成果。

第十六条 登记机构依据自然资源调查结果和相关审批文件，结合相关资源管理部门的用途管制、生态保护红线、公共管制及特殊保护规定或政策性文件以及不动产登记结果资料等，对登记的内容进行审核。

第十七条 登记机构应当在登簿前将自然资源登记事项在所在地政府门户网站及指定场所进行公告，涉及国家秘密的除外。公告期不少于 15 个工作日。公告期内，相关权利人对登记事项提出异议的，登记机构应当对提出的异议进行调查核实。

第十八条 公告期满无异议或者异议不成立的，登记机构应当将登记事项记载于自然资源登记簿。

第十九条 自然资源的类型、边界等自然资源登记簿内容发生变化的，自然资源所有权代表行使主体应当持相关资料及时嘱托并配合登记机构办理变更登记。

第四章 国家公园、自然保护区、 湿地、水流等自然资源登记

第二十条 以国家公园作为独立自然资源登记单元的，由登记机构会同国家公园管理机构或行业主管部门制定工作方案，依据土地利用现状调查（自然资源调查）成果、国家公园审批资料

划定登记单元界线，收集整理用途管制、生态保护红线、公共管制及特殊保护规定或政策性文件，并开展登记单元内各类自然资源的调查，通过确权登记明确各类自然资源的种类、面积和所有权性质。

第二十一条 以自然保护区作为独立自然资源登记单元的，由登记机构会同自然保护区管理机构或行业主管部门制定工作方案，依据土地利用现状调查（自然资源调查）成果、自然保护区审批资料划定登记单元界线，收集整理用途管制、生态保护红线、公共管制及特殊保护规定或政策性文件，并开展登记单元内各类自然资源的调查，通过确权登记明确各类自然资源的种类、面积和所有权性质。

第二十二条 以湿地作为独立自然资源登记单元的，由登记机构会同湿地管理机构、水利、农业等部门制定工作方案，依据土地利用现状调查（自然资源调查）成果，参考湿地普查或调查成果，对国际重要湿地、国家重要湿地、湿地自然保护区划定登记单元界线，收集整理用途管制、生态保护红线、公共管制及特殊保护规定或政策性文件，并开展登记单元内各类自然资源的调查。

第二十三条 以水流作为独立自然资源登记单元的，由登记机构会同水行政主管部门制定工作方案，依据土地利用现状调查（自然资源调查）成果、水利普查、河道岸线和水资源调查成果划定登记单元界线，收集整理用途管制、生态保护红线、公共管制及特殊保护规定或政策性文件，并开展登记单元内各类自然资源的调查。

第二十四条 本办法第二十条、第二十一条、第二十二条、第二十三条规定的国家公园、自然保护区、湿地、水流等自然资源确权登记工作，由登记机构参照第三章规定的一般程序办理。

第五章 登记信息管理与应用

第二十五条 自然资源确权登记信息纳入不动产登记信息管理基础平台，实现自然资源确权登记信息与不动产登记信息有效衔接。

第二十六条 自然资源确权登记结果应当向社会公开，但涉及国家秘密以及《不动产登记暂行条例》规定的不动产登记的相关内容除外。

第二十七条 自然资源确权登记信息与农业、水利、林业、环保、财税等相关部门管理信息应当互通共享，服务自然资源的确权登记和有效监管。

第六章 附 则

第二十八条 本办法先行在国家部署的试点地区（见附件2）实施，省级部署的试点可参照执行。探明储量的矿产资源确权登记制度在试点工作中完善。

军用土地范围内的自然资源暂不办理权属登记。

第二十九条 本办法由国土资源部负责解释，自印发之日起施行。

附件：1. 自然资源登记簿（略）

2. 自然资源统一确权登记试点方案（略）

中华人民共和国资源税暂行条例

中华人民共和国资源税暂行条例

中华人民共和国国务院令

第 605 号

《国务院关于修改〈中华人民共和国资源税暂行条例〉的决定》已经 2011 年 9 月 21 日国务院第 173 次常务会议通过，现予公布，自 2011 年 11 月 1 日起施行。

总理　温家宝

二〇一一年九月三十日

(1993 年 12 月 25 日中华人民共和国国务院令第 139 号发布；根据 2011 年 9 月 30 日《国务院关于修改〈中华人民共和国资源税暂行条例〉的决定》修订)

第一条　在中华人民共和国领域及管辖海域开采本条例规定的

矿产品或者生产盐（以下称开采或者生产应税产品）的单位和个人，为资源税的纳税人，应当依照本条例缴纳资源税。

第二条　资源税的税目、税率，依照本条例所附《资源税税目税率表》及财政部的有关规定执行。

税目、税率的部分调整，由国务院决定。

第三条　纳税人具体适用的税率，在本条例所附《资源税税目税率表》规定的税率幅度内，根据纳税人所开采或者生产应税产品的资源品位、开采条件等情况，由财政部商国务院有关部门确定；财政部未列举名称且未确定具体适用税率的其他非金属矿原矿和有色金属矿原矿，由省、自治区、直辖市人民政府根据实际情况确定，报财政部和国家税务总局备案。

第四条　资源税的应纳税额，按照从价定率或者从量定额的办法，分别以应税产品的销售额乘以纳税人具体适用的比例税率或者以应税产品的销售数量乘以纳税人具体适用的定额税率计算。

第五条　纳税人开采或者生产不同税目应税产品的，应当分别核算不同税目应税产品的销售额或者销售数量；未分别核算或者不能准确提供不同税目应税产品的销售额或者销售数量的，从高适用税率。

第六条　纳税人开采或者生产应税产品，自用于连续生产应税产品的，不缴纳资源税；自用于其他方面的，视同销售，依照本条例缴纳资源税。

第七条　有下列情形之一的，减征或者免征资源税：

（一）开采原油过程中用于加热、修井的原油，免税。

（二）纳税人开采或者生产应税产品过程中，因意外事故或者自然灾害等原因遭受重大损失的，由省、自治区、直辖市人民政府酌情决定减税或者免税。

（三）国务院规定的其他减税、免税项目。

第八条　纳税人的减税、免税项目，应当单独核算销售额或者销售数量；未单独核算或者不能准确提供销售额或者销售数量的，不予减税或者免税。

第九条　纳税人销售应税产品，纳税义务发生时间为收讫销售款或者取得索取销售款凭据的当天；自产自用应税产品，纳税义务发生时间为移送使用的当天。

第十条　资源税由税务机关征收。

第十一条　收购未税矿产品的单位为资源税的扣缴义务人。

第十二条　纳税人应纳的资源税，应当向应税产品的开采或者生产所在地主管税务机关缴纳。纳税人在本省、自治区、直辖市范围内开采或者生产应税产品，其纳税地点需要调整的，由省、自治区、直辖市税务机关决定。

第十三条　纳税人的纳税期限为 1 日、3 日、5 日、10 日、15 日或者 1 个月，由主管税务机关根据实际情况具体核定。不能按固定期限计算纳税的，可以按次计算纳税。

纳税人以 1 个月为一期纳税的，自期满之日起 10 日内申报纳税；以 1 日、3 日、5 日、10 日或者 15 日为一期纳税的，自期满之日起 5 日内预缴税款，于次月 1 日起 10 日内申报纳税并结清上月税款。

扣缴义务人的解缴税款期限，比照前两款的规定执行。

第十四条　资源税的征收管理，依照《中华人民共和国税收征收管理法》及本条例有关规定执行。

第十五条　本条例实施办法由财政部和国家税务总局制定。

第十六条　本条例自 1994 年 1 月 1 日起施行。1984 年 9 月 18

日国务院发布的《中华人民共和国资源税条例（草案）》、《中华
人民共和国盐税条例（草案）》同时废止。

附件

资源税税目税率表

税目		税率
一、原油		销售额的 5%—10%
二、天然气		销售额的 5%—10%
三、煤炭	焦煤	每吨 8—20 元
	其他煤炭	每吨 0.3—5 元
四、其他非金属矿原矿	普通非金属矿原矿	每吨或者每立方米 0.5—20 元
	贵重非金属矿原矿	每千克或者每克拉 0.5—20 元
五、黑色金属矿原矿		每吨 2—30 元
六、有色金属矿原矿	稀土矿	每吨 0.4—60 元
	其他有色金属矿原矿	每吨 0.4—30 元
七、盐	固体盐	每吨 10—60 元
	液体盐	每吨 2—10 元

中华人民共和国资源税暂行条例实施细则

中华人民共和国财政部令

第 66 号

《中华人民共和国资源税暂行条例实施细则》已经财政部部务会议和国家税务总局局务会议修订通过，现予公布，自 2011 年 11 月 1 日起施行。

二○一一年十月二十八日

第一条 根据《中华人民共和国资源税暂行条例》（以下简称条例），制定本细则。

第二条 条例所附《资源税税目税率表》中所列部分税目的征税范围限定如下：

（一）原油，是指开采的天然原油，不包括人造石油。

（二）天然气，是指专门开采或者与原油同时开采的天然气。

（三）煤炭，是指原煤，不包括洗煤、选煤及其他煤炭制品。

（四）其他非金属矿原矿，是指上列产品和井矿盐以外的非金属矿原矿。

（五）固体盐，是指海盐原盐、湖盐原盐和井矿盐。

液体盐，是指卤水。

第三条 条例第一条所称单位，是指企业、行政单位、事业单位、军事单位、社会团体及其他单位。

条例第一条所称个人，是指个体工商户和其他个人。

第四条 资源税应税产品的具体适用税率，按本细则所附的

《资源税税目税率明细表》执行。

矿产品等级的划分，按本细则所附《几个主要品种的矿山资源等级表》执行。

对于划分资源等级的应税产品，其《几个主要品种的矿山资源等级表》中未列举名称的纳税人适用的税率，由省、自治区、直辖市人民政府根据纳税人的资源状况，参照《资源税税目税率明细表》和《几个主要品种的矿山资源等级表》中确定的邻近矿山或者资源状况、开采条件相近矿山的税率标准，在浮动30%的幅度内核定，并报财政部和国家税务总局备案。

第五条 条例第四条所称销售额为纳税人销售应税产品向购买方收取的全部价款和价外费用，但不包括收取的增值税销项税额。

价外费用，包括价外向购买方收取的手续费、补贴、基金、集资费、返还利润、奖励费、违约金、滞纳金、延期付款利息、赔偿金、代收款项、代垫款项、包装费、包装物租金、储备费、优质费、运输装卸费以及其他各种性质的价外收费。但下列项目不包括在内：

（一）同时符合以下条件的代垫运输费用：

1. 承运部门的运输费用发票开具给购买方的；

2. 纳税人将该项发票转交给购买方的。

（二）同时符合以下条件代为收取的政府性基金或者行政事业性收费：

1. 由国务院或者财政部批准设立的政府性基金，由国务院或者省级人民政府及其财政、价格主管部门批准设立的行政事业性收费；

2. 收取时开具省级以上财政部门印制的财政票据；

3. 所收款项全额上缴财政。

第六条 纳税人以人民币以外的货币结算销售额的，应当折合成人民币计算。其销售额的人民币折合率可以选择销售额发生的当天或者当月 1 日的人民币汇率中间价。纳税人应在事先确定采用何种折合率计算方法，确定后 1 年内不得变更。

第七条　纳税人申报的应税产品销售额明显偏低并且无正当理由的、有视同销售应税产品行为而无销售额的，除财政部、国家税务总局另有规定外，按下列顺序确定销售额：

（一）按纳税人最近时期同类产品的平均销售价格确定；

（二）按其他纳税人最近时期同类产品的平均销售价格确定；

（三）按组成计税价格确定。组成计税价格为：

组成计税价格＝成本×（1+成本利润率）÷（1−税率）

公式中的成本是指：应税产品的实际生产成本。公式中的成本利润率由省、自治区、直辖市税务机关确定。

第八条　条例第四条所称销售数量，包括纳税人开采或者生产应税产品的实际销售数量和视同销售的自用数量。

第九条　纳税人不能准确提供应税产品销售数量的，以应税产品的产量或者主管税务机关确定的折算比换算成的数量为计征资源税的销售数量。

第十条　纳税人在资源税纳税申报时，除财政部、国家税务总局另有规定外，应当将其应税和减免税项目分别计算和报送。

第十一条　条例第九条所称资源税纳税义务发生时间具体规定如下：

（一）纳税人销售应税产品，其纳税义务发生时间是：

1. 纳税人采取分期收款结算方式的，其纳税义务发生时间，为销售合同规定的收款日期的当天；

2. 纳税人采取预收货款结算方式的，其纳税义务发生时间，为发出应税产品的当天；

3. 纳税人采取其他结算方式的，其纳税义务发生时间，为收讫销售款或者取得索取销售款凭据的当天。

（二）纳税人自产自用应税产品的纳税义务发生时间，为移送使用应税产品的当天。

（三）扣缴义务人代扣代缴税款的纳税义务发生时间，为支付货款的当天。

第十二条 条例第十一条所称的扣缴义务人，是指独立矿山、联合企业及其他收购未税矿产品的单位。

第十三条 条例第十一条把收购未税矿产品的单位规定为资源税的扣缴义务人，是为了加强资源税的征管。主要是适应税源小、零散、不定期开采、易漏税等税务机关认为不易控管、由扣缴义务人在收购时代扣代缴未税矿产品资源税为宜的情况。

第十四条 扣缴义务人代扣代缴的资源税，应当向收购地主管税务机关缴纳。

第十五条 跨省、自治区、直辖市开采或者生产资源税应税产品的纳税人，其下属生产单位与核算单位不在同一省、自治区、直辖市的，对其开采或者生产的应税产品，一律在开采地或者生产地纳税。实行从量计征的应税产品，其应纳税款一律由独立核算的单位按照每个开采地或者生产地的销售量及适用税率计算划拨；实行从价计征的应税产品，其应纳税款一律由独立核算的单位按照每个开采地或者生产地的销售量、单位销售价格及适用税率计算划拨。

第十六条 本细则自 2011 年 11 月 1 日起施行。

国土资源科学技术奖励办法

国土资源部关于印发《国土资源科学技术奖励办法》的通知

国土资规〔2018〕2 号

各省、自治区、直辖市国土资源主管部门，新疆生产建设兵团国土资源局，中国地质调查局及部其他直属单位，各派驻地方的国家土地督察局，部机关各司局，中国土地学会、中国地质学会、中国地质矿产经济学会：

为贯彻落实创新驱动发展战略，加快创新型国家建设，深入推进实施"三深一土"国土资源科技创新战略，根据《国务院办公厅印发关于深化科技奖励制度改革方案的通知》（国办函〔2017〕55 号），组织修订了《国土资源科学技术奖励办法》。现予印发，请遵照执行。

本文件自颁布之日起施行，有效期 8 年。《国土资源部办公厅关于印发〈国土资源科学技术奖励办法〉的通知》（国土资厅发〔2009〕68 号）同时废止。

2018 年 3 月 14 日

一、总　则

（一）为贯彻落实创新驱动发展战略，加快建设创新型国家，弘扬科学精神，营造科学氛围，激励自主创新，深入推进实施"三深一土"国土资源科技创新战略，依据《社会力量设立科学技术奖管理办法》，设立中国土地学会、中国地质学会、中国地质矿产经济学会国土资源科学技术奖（简称国土资源科学技术奖），奖励在国土资源科技创新中做出重要贡献的集体和个人。

（二）国土资源科学技术奖坚持公开公正、择优选定和鼓励自主创新原则，以精神奖励为主，对获奖成果颁发证书，鼓励各单位给予成果完成人适当物质奖励。

（三）设立国土资源科学技术奖励委员会（以下简称"奖励委员会"）和国土资源科学技术奖励办公室（以下简称"办公室"），建立国土资源科学技术奖评审专家库，依照本办法，开展国土资源科学技术奖的评审工作。

（四）国土资源科学技术奖每年评审一次，获奖人数和获奖单位数实行限额。设一等奖、二等奖2个等级，一、二等奖获奖数不超过推荐成果数的40%，且不超过70项。其中，一等奖获奖成果应具备竞争国家科学技术科技奖的条件，每年评选控制在10项左右，且不超过推荐成果数的10%。

（五）国土资源科学技术奖是国土资源部提名国家科学技术奖的基础，国土资源部将从历年一等奖获奖成果中择优提名国家科学技术奖。

（六）国土资源科学技术奖授予土地调查与评价、土地规划与利用、地质调查与评价、矿产资源勘查与保护利用、地质环境保护与地质灾害防治、基础研究、应用技术开发、国土资源管理等方面取得理论、技术、方法创新，获得广泛应用，具有显著经济社会效益的成果。

（七）本办法适用于国土资源科学技术奖的推荐、评审和授奖工作。

二、推　荐

（八）国土资源科学技术奖面向全社会，由具备一定条件的单位或专家，推荐符合奖励范围的成果，不受理自荐。推荐单位或专家应符合下列条件。

推荐单位：

1. 中国土地学会、中国地质学会和中国地质矿产经济学会；

2. 各省（区、市）国土资源主管部门，新疆生产建设兵团国土资源局；

3. 中国地质调查局及部其他直属单位。

推荐专家：

1. 中国科学院院士、中国工程院院士，获国家科学技术奖前三名完成人，国土资源科学技术奖一等奖第一完成人可在本人从事学科专业范围内进行推荐，同年度候选成果完成人不能作为推荐专家；

2. 推荐专家3人可以联合推荐1项国土资源科学技术奖候选成果，应确定1人作为责任专家，由其牵头负责，且与推荐成果任一完成人同一单位的推荐专家不应超过1人。

中国土地学会、中国地质学会和中国地质矿产经济学会推荐名额不限；各省（区、市）国土资源主管部门，新疆生产建设兵团国土资源局，中国地质调查局及部其他直属单位实行限额推荐；推荐专家每年度只能推荐1项成果。

（九）推荐成果应征得成果完成人和完成单位的同意，提交推荐书和附件材料。推荐书和附件材料要求完整、真实、可靠。凡存在争议的成果，不得推荐。

推荐方应承担推荐、异议答复等责任，推荐单位应建立规范的推荐遴选机制。

（十）多个单位共同完成的重大成果，原则上应按整体成果推荐。单独推荐重大成果中的部分成果时，需征得重大成果牵头完成单位及第一完成人书面同意；再推荐该重大成果时，应扣除已获奖的部分成果。

推荐成果的完成单位和个人，应当是在成果研制、开发、生产、应用和推广中贡献显著，并对成果的完成起到组织和协调作用的单位和个人。成果完成人当年度只能有1项成果被推荐。

（十一）推荐成果的应用时间不低于两年。成果完成时间从技术评价（指评价、评审或验收及有关法定的审批文件等）完成之日算起。

推荐成果在当年的1月1日前完成科技成果登记。

（十二）被推荐但未获奖或经批准同意退出本年度评审的成果，如再次推荐的，须隔一年以上并有新的成果内容；已获得国家或省级科学技术奖的成果，不再推荐国土资源科学技术奖。

三、评审组织

（十三）奖励委员会由国土资源部科技专家咨询委员会委员和中国土地学会、中国地质学会和中国地质矿产经济学会秘书长组成。主任由专家咨询委员会主任担任，副主任由专家咨询委员会副主任担任。

国土资源部科技专家咨询委员会委员由国土资源部聘任，以国土资源相关领域院士，入选千人计划、万人计划、长江学者奖励计划、国家杰出青年科学基金、国土资源高层次创新型领军人才计划的专家，国家科学技术奖、李四光地质科学奖获得者等高层次人才为主，年龄一般不超过 65 岁。委员会每 3 年换届一次，每届聘任委员 100 位左右，每届调整委员数不少于三分之一。

（十四）奖励委员会主要职责是：

1. 终审国土资源科学技术奖评审结果；

2. 仲裁国土资源科学技术奖出现的争议；

3. 为国土资源科技奖励工作提供政策性意见和建议。

（十五）办公室设在国土资源部信息中心，负责评审活动组织、服务等事务性工作，国土资源部负责业务指导。

（十六）根据国土资源科学技术奖奖励范围成立若干专业评审组，组长和副组长由奖励委员会委员担任。根据当年的推荐成果具体情况，从国土资源科学技术奖励评审专家库中随机抽取专业评审组成员，报奖励委员会主任批准。专业评审组成员每年要有不少于三分之一的动态调整。

专业评审组主要职责是：

1. 负责评审本专业评审组的成果，提出评审意见和奖励等级的建议；

2. 对有争议的推荐成果提出处理意见，提交奖励委员会裁定；

3. 向奖励委员会报告专业组评审结果。

四、评　审

（十七）国土资源科学技术奖按照"两会三审"制评审产生。"两会"指专业评审组评审会和奖励委员会终评审会。"三审"指专业评审组初审、专业评审组会议评审、奖励委员会终审。

（十八）推荐材料经办公室形式审查合格后，方可进行评审。

（十九）专业评审组初审，采用网络评审方式，按经专家打分高低形成成果排序，前80%（含80%）的成果通过初审，进入会议评审。

（二十）专业评审组会议评审，打分、投票方式产生评审结果。一等奖成果须经到会专家三分之二以上（含三分之二）同意；二等奖成果须经到会专家二分之一以上（不含二分之一）同意。评审结果经公示后，提交奖励委员会终审。

（二十一）奖励委员会终审，根据进入终审成果的学科领域，每年动态抽取三分之一左右奖励委员会委员参加国土资源科学技术奖终审。原则上同一委员不能连续两年参加终审。

终审按照答辩、打分、投票表决的方式产生一等奖终审结果，一等奖成果须经到会专家三分之二以上（含三分之二）同意；按照专业评审组介绍评审情况、投票表决的方式产生二等奖终审结果，二等奖成果须经到会专家二分之一以上（不含二分之一）同意。

（二十二）国土资源科学技术奖评审实行回避制度。推荐专家、成果完成人、或与成果完成人有直接关系的，应当回避，不参加当年的评审工作。

五、公 示

（二十三）国土资源科学技术奖接受社会监督，对国土资源科学技术奖的评审结果实行公示制度。在公示期间，任何单位或个人如果对公示内容有异议的，可直接向办公室提出。超过公示期限提出异议，或对成果的评定等级提出异议的，不予受理。

（二十四）推荐单位拟推荐的成果，应在推荐单位和完成单位公示5个工作日。推荐专家拟推荐的成果应在完成候选单位公示5

个工作日。

通过形式审查的推荐成果、专业评审组初审结果、专业评审组会议评审结果应公示 5 个工作日；奖励委员会终审结果应公示 10 个工作日。

公示无异议或有异议但经核实处理后无异议的成果方可参与推荐或评审。

（二十五）提出异议的单位或个人必须提供书面异议材料，并提供必要的证明文件。

提出异议的单位或个人必须表明真实身份。以单位名义提出异议的，必须由法人代表签章，并加盖单位公章；个人提出异议的，必须在异议材料上签署真实姓名和联系方式。

（二十六）涉及成果完成单位或主要完成人名次排列的异议问题，由办公室商推荐方处理，处理结果报奖励委员会备案。

涉及成果实质性问题（指推荐书填写内容与事实不符）的异议，由办公室提出处理意见，报奖励委员会裁定。

（二十七）对成果的评定等级提出异议的，一律不予受理。对在规定时间内未完成异议处理的成果，本年度暂不授奖。

（二十八）评审过程中，要求退出本年度评奖的成果，须由成果推荐方以书面方式向办公室提出，经批准同意方可退出。

六、授 奖

（二十九）国土资源科学技术奖评审结果经公示后，由国土资源部公布。

（三十）对获奖成果完成单位和完成人颁发证书。

（三十一）国土资源科学技术奖是授予从事国土资源研究的广大科技工作者的荣誉，获奖证书不作为确定科技成果权属的直接依据。

七、罚 则

（三十二）发现单位或个人干扰正常评奖活动的，将给予通报批评，取消其推荐或被推荐资格三年，对其相应通过评审的成果取消授奖资格。

（三十三）获奖者剽窃、侵夺他人科技成果的，或者以其他不正当手段骗取国土资源科学技术奖的，由奖励委员会批准后撤销奖励，记录不良信誉。

（三十四）推荐方提供虚假数据、材料的，协助被推荐单位和人员骗取国土资源科学技术奖的，暂停或取消推荐资格，记录不良信誉。

（三十五）奖励委员会的委员、专业评审组成员、相关工作人员参加评审时，应对推荐成果的关键技术和评审会议情况保守秘密，不得向外透露有关情况，违反者撤销其参加评审资格并记录不良信誉。

国土资源"十三五"科学技术
普及实施方案

国土资源部　科技部关于印发
《国土资源"十三五"科学技术普及实施方案》的通知
国土资发〔2016〕186号

各省、自治区、直辖市国土资源主管部门、科学技术厅
(委)，中国地质调查局及国土资源部其他直属单位，各派
驻地方的土地督察局，国土资源部部机关各司局：

为进一步做好国土资源科学技术普及工作，国土资源
部与科学技术部共同制定了《国土资源"十三五"科学
技术普及实施方案》，现印发给你们，请结合实际，认真
贯彻执行。

国土资源部　科技部
2016 年 12 月 8 日

依据《中华人民共和国科学技术普及法》和《全民科学素质
行动计划纲要（2006—2010—2020 年）》，按照《国土资源"十三

五"规划纲要》和《国土资源"十三五"科技创新发展规划》，制定《国土资源"十三五"科学技术普及实施方案》。

一、现状和形势

科技创新和科学普及是实现创新发展的两翼。"十二五"期间，国土资源部与科学技术部高度重视国土资源科普工作，共同印发了《国土资源"十二五"科学技术普及行动纲要》，深入推进科普基础设施建设，广泛开展特色科普活动，不断完善科普激励机制，充分发挥了国土资源行业特点和特色资源，普及了国土资源知识，增强了公众节约集约利用资源、保护资源的意识，有效服务和支撑了国土资源事业可持续发展。

科普工作正面临重要的发展机遇期。习近平总书记指出"科技创新、科学普及是实现创新发展的两翼，要把科学普及放在与科技创新同等重要的位置"。"十三五"时期是我国全面建成小康社会的决胜阶段，深入贯彻落实创新、协调、绿色、开放、共享的新发展理念，实施创新驱动发展战略，必须大力提高公民素质。科学素质是公民素质的重要组成部分。加强科学技术普及，提高公民科学素质，对于增强自主创新能力，推动大众创业、万众创新，引领经济社会发展新常态，注入发展新动能，助力创新型国家建设具有重要战略意义。

公众对国土资源科普需求日益增长。一方面，"十三五"期间，我国基本资源国情没有变、资源在发展大局中的地位和作用没有变、资源环境约束趋紧的总体态势没有变，要求我们必须依靠科技进步，加快转变经济增长方式，建设生态文明。大力推进国土资源科技进步，不断提高公众国土资源科学素质，是社会发展的必然趋势和要求。另一方面，随着社会发展和科技进步，公众对提高科学素质的需求越来越多，对科普产品的内容、形式和趣味性的要求越来越高。普及地球科学知识、宣传资源国情，凝聚公众对国土资源管理保护和合理利用共识有巨大的社会需求；全面提升国土资源科普能力，构建国土资源科普体系，满足日益增长的公众需求是国土资源工作义不容辞的责任。

国土资源科普工作亟待加强。尽管"十二五"期间国土资源科普工作取得长足进展，但面对新形势、新要求，还存在一些薄弱环节，如丰富的国土资源科普资源未得到充分的发掘和利用；新技术手段和新传播方式的应用不足；科普基地建设、发展不均衡；科研实验机构开放日制度尚不健全；高层次科普人才紧缺；经费投入渠道不顺畅，国土资源科普工作任重道远。

二、指导思想和发展目标

（一）指导思想

全面贯彻党的十八大和十八届三中、四中、五中、六中全会精神，认真学习贯彻习近平总书记系列重要讲话精神，扎实推进创新驱动发展战略，树立创新、协调、绿色、开放、共享的发展理念，统筹推进"四个全面"战略布局，围绕"尽职尽责保护国土资源，节约集约利用国土资源，尽心尽力维护群众权益"的国土资源中心工作，坚持政府引导、社会参与、市场运作，突出国土资源科普工作特点，创新科普工作方式，提高科普工作效果，以逐步提高全民国土资源科学技术素养为目标，以加强国土资源科普能力为主线，完善和发展国土资源科普体系，全面推进国土资源科普事业。

（二）发展目标

到 2020 年，青少年、农民、社区居民、公务员等重点人群国土资源科学素质得到较大提升；国土资源科普基地结构更加合理，发展更加均衡，示范效应更加显著；国土资源科研机构向社会开放成为常态；国土资源品牌科普活动更具影响力；国土资源科普人才队伍得到加强；具有广泛社会影响力科普作品层出不穷，科普作品奖励激励制度更加完善；国土资源科普产业交流平台初步形成，国土资源科普产品和服务更加市场化和产业化。

三、重点任务

（一）着力提升重点人群国土资源科学素质

1. 引导青少年学习国土资源科学知识。加强与教育部门合作，将国土资源科学知识纳入大中小学教材和教学计划。鼓励有条件的单位与大中小学科普合作，共同开展国土资源知识竞赛、地学夏令营等活动。充分利用国土资源科普场馆的展览资源与专家资源，通过向青少年免费或优惠开放、开展李四光少年儿童科技奖评选、少年儿童地质勘探队、国土资源科普大讲堂、离退休科技工作者与青少年手拉手等活动，吸引和激发青少年学习国土资源科学知识的兴趣。

进一步推进中国大学生地学科普联盟工作，开展大学生社会实践、就业见习基地建设，组织学生校际交流、高端地学人才论坛和学术交流等活动。

2. 面向农民需求开展科普活动。与中国科协、农业部共同开展"全国农民科学素质网络竞赛"，将耕地保护、地质灾害应急避险等与农民切身利益相关的政策、知识纳入题库，提升农民保护耕地和地质灾害应急避险意识。

发挥科研单位、学会协会和科普基地作用，开展科普列车行、科普大篷车、科普巡展等形式多样的"科普下乡"活动。结合农村实际拍摄制作农民喜闻乐见的国土资源法律法规情景剧、地质灾害防治科教片及国土资源惠民政策专题片。

3. 培养社区居民节约利用资源意识。鼓励学会协会、科普基地等单位深入社区开展科普活动，宣传国土资源国情国策，普及保护国土资源、地质灾害防治等方面的科学常识，增强公众资源忧患意识，引导公众积极参与节约、集约、高效、持续利用国土资源实践。

4. 开展公务员国土资源科学素质提升行动。围绕学习型机关建设、国土资源大讲堂、国土资源全国党员干部现代远程教育、以及县（市）、乡（镇）国土资源管理干部培训等工作，普及国土资源调查评价、规划、管理、合理利用的新理念新技术，宣传深地探测、深海探测、深空对地观测、土地科技创新"三深一土"国土资源科技创新战略。

（二）广泛开展系列国土资源科普活动

1. 做好重点领域科普活动。围绕耕地保护、节约集约利用土地、地质调查、矿产资源勘查开发、地质环境保护、地质灾害防治等国土资源中心工作开展科普活动，提高公众对国土资源工作的认知度，为优化国土资源开发与保护格局，提升国土资源利用质量和效益奠定良好群众基础。

2. 打造国土资源品牌科普活动。利用"世界地球日"、"防灾减灾日"、"科技活动周"、"全国土地日"、"全国科普日"等平台，创新形式，扩大影响，打造一批影响力大、示范性强的国土资源品牌科普活动。

（三）深入推进国土资源科普基础设施建设

1. 继续开展国土资源科普基地建设工作。新建一批国土资源科普基地，优化国土资源科普基地结构。均衡科技场馆类、资源保护类、科研实验类三类型的科普基地发展。平衡土地、地质矿产、地质环境与灾害各领域的科普基地发展，注重土地领域及综合性国土资源科普基地建设。探索建设国家国土资源科普基地。

2. 发挥国土资源科普基地示范作用。完善《国土资源科普基地推荐及命名暂行办法》，完善科普基地网站，展示、共享优质科普资源。开展专业培训、研讨和比赛，推广先进管理制度和工作模式，提升科普基地科普能力。

3. 推动国土资源科学场所开展科普工作。国土资源重点实验室、野外科学观测研究基地、地质资料馆等具有科普资源和条件的场所要科研与科普并重，建立"科普开放日"制度，年开放天数不少于15天，并举办科普讲座、现场参观、科学实验演示、专题展览等科普活动，突出社会效益。

4. 充分发挥地质公园、矿山公园等资源保护类科普基地作用。鼓励资源保护类科普基地加强与研究机构的合作，完善地质遗迹、矿业遗迹科学解说和标识标牌，增建扩建科普场所，充实科普内容，举办科普讲座；加强对导游的培训，提升导游科学素质，通过导游讲解传播科学知识。

（四）强化国土资源科普人才培养

1. 加强国土资源专业科普队伍建设。加大对国土资源专业科普人员的培训力度，提升科普水平。举办国土资源科普讲解大赛，推荐优秀选手参加全国科普讲解大赛，提升国土资源科普讲解水平。发展壮大科学传播专家团队，建立"国土资源首席科学传播专家"制度。培育国土资源科普创作和产品研发示范团队。探索与高等院校合作开展国土资源科普学历教育，培养高层次科普人才。

2. 发挥国土资源科普志愿者队伍作用。推动"李四光中队讲师团"等国土资源科普志愿者队伍建设，发展大学生国土资源科普志愿者队伍。使大学生成为普及国土资源知识、宣传国土资源国情的有生力量。

3. 建立"国土资源科普使者"制度。鼓励离退休科技工作者、高等院校在校学生利用业余时间在国土资源科普场所承担义务讲解工作，开展国土资源科普宣传。加强对国土资源科普志愿者队伍的培训，提高科普服务能力。

（五）大力提高国土资源科普创作传播能力

1. 繁荣国土资源科普作品创作。推动产生一批水平高、社会影响力大的国土资源原创科普作品。鼓励开展电影、动漫、微视频、游戏等形式新颖的国土资源科普作品创作。探索应用虚拟现实（VR）、增强现实（AR）等新技术手段创作、制作国土资源科普作品。开展国土资源优秀科普作品、微视频评选、推介活动，在国土资源科学技术奖励中加大对科普作品的奖励力度，增加奖励数量，提升奖励级别。

2. 强化国土资源科普传播协作。整合、建设好现有科普传播平台，切实发挥各级国土资源部门、各国土资源科普基地科普网站、数字地质博物馆、中国国土资源报社等传播资源的宣传作用。加强与知名科普网站、栏目及核心媒体的合作，扩大宣传效果。

3. 创新国土资源科普传播方式。推动报刊、杂志、图书、展览等传统媒体与微博、微信、移动 APP 新兴媒体深度融合，实现包括纸质出版、网络传播、移动终端传播在内的多渠道全媒体传播，满足公众对国土资源科普信息的需求。

（六）大力促进国土资源科技创新与科普结合

1. 推动国土资源科研成果科普化。在组织实施国家重点研发计划、国家自然科学基金等科技创新计划和地质调查计划、土地整治工程等重大工作性计划（工程）时，要明确各项目提交科普化成果，如发表科普文章，编写公众版研究报告等。梳理总结具有转化应用前景的国土资源科技成果，编制《国土资源科技成果系列丛书》。

2. 发挥科研人员在科普工作中的作用。围绕"三深一土"国土资源科技创新战略，积极开展科研人员与公众对话，通过开放论坛、科学沙龙和展览展示等形式，创造更多科研人员与公众交流的机会，塑造国土资源科研人员良好形象。

（七）积极推动国土资源科普产业发展

1. 促进国土资源科普产业多元化发展。以多元化投资和市场化运作方式，推动国土资源科普展览、图书、影视、旅游等产业发展。探索建立国土资源科普产品创新联盟，鼓励和引导科研机构、科普机构、企业等提高国土资源科普产品研发能力。参与全国科普服务标准化技术委员会建设和相关标准的制定。宣传落实国家鼓励科普产业发展相关政策。

2. 促进创业与科普的结合。推动国土资源科普基础设施面向创新创业者开展科普服务。鼓励国土资源科研人员积极参与创新创业服务平台和孵化器的科普活动并创作科普作品，支持创客参与国土资源科普产品的设计、研发和推广。结合国土资源重大科普活动，加强国土资源创新创业代表性人物和事迹的宣传。

（八）扎实推进国土资源科普统计等基础工作

1. 做好科普统计工作。科普统计是客观反映科普工作状况的重要途径，是经国家统计部门批准的年度基础性工作。各单位要按照国家科技主管部门的要求，重视科普统计工作调查表，如实反映科普基本情况。

2. 制定公民国土资源科学素质基准及评价体系。结合全国公民素质基准调查等工作，开展公民国土资源科学素质基准及评价体系研究和公民国土资源科学素质调查评估，为科普工作决策提供客观依据。

四、保障措施

（一）加强科普工作组织领导

充分发挥各级科普工作联席会议的作用。加强各级国土资源主管部门与科技主管部门的合作，整合科普资源，联合开展国土资源科普工作。

充分发挥国土资源科技领导小组、国土资源科技专家咨询委员会的决策、咨询作用，做好国土资源科普工作的统筹协调和宏观指导工作。

充分发挥学会、协会、基金会、科研院所、有关事业单位等的主体作用，显著提升其他社会组织、企业在国土资源科普事业中的作用和影响力。

（二）完善科普工作机制

探索科普联动机制。加强与环境保护、旅游等部门以及科学技术协会等组织的合作联动，共同开展重大科普活动。积极探索，联合多家国土资源科普基地，共同开展重大科普活动，定期组织交流巡展。

完善科普考核和激励机制。将科普工作纳入科研事业单位年度重点工作和考评体系。通过指定期刊或报纸发表的科普文章，在考核评估时与在学术性期刊发表的专业论文同等对待。对学会、协会、基金会建立相应的科普激励机制，对科普工作成绩突出的单位及个人给予表扬。

（三）加强科普对外交流合作

支持科研院所、科普基地加强与境外相关机构的合作，共同实施科普项目，创作高水平科普作品。支持优秀科普工作人员到境外相关机构培训，借鉴国际先进经验，提高国土资源科普工作能力。

（四）建立科普经费投入渠道

加大科普工作的投入力度。各级国土资源主管部门将科普经费纳入各级国土资源行政管理部门及有关事业单位预算，积极支持科普基地建设、科普活动支出、科普作品创作、科普人才培养、重点科普项目、科普基础工作等，引导和加强科普能力建设。用好国家鼓励科普事业发展的税收优惠政策。积极引导社会多元化资金投入国土资源科普事业，营造鼓励企业、个人投入国土资源科普的良好氛围。